Chinese XP

体验汉语® 短期教程
Experiencing Chinese Short - Term Course

生活篇 (40—50 课时)
Living in China

修订版

英语版

主编 朱晓星 岳建玲
吕宇红 褚佩如

高等教育出版社·北京

图书在版编目（CIP）数据

体验汉语短期教程. 生活篇：英语版／朱晓星等主
编. -- 修订本. -- 北京：高等教育出版社，2019.4（2021.12重印）
　ISBN 978-7-04-049526-3

Ⅰ. ①体… Ⅱ. ①朱… Ⅲ. ①汉语—对外汉语教学—
教材 Ⅳ. ①H195.4

中国版本图书馆CIP数据核字 (2018) 第091361号

策划编辑	梁　宇	责任编辑	李　玮　喻　言	封面设计	张　楠	版式设计	水长流文化
插图绘制	刘　艳	插图选配	杨　曦	责任校对	盛梦晗	责任印制	耿　轩

出版发行	高等教育出版社	网　　址	http://www.hep.edu.cn
社　　址	北京市西城区德外大街4号		http://www.hep.com.cn
邮政编码	100120	网上订购	http://www.hepmall.com.cn
印　　刷	固安县铭成印刷有限公司		http://www.hepmall.com
开　　本	889mm×1194mm 1/16		http://www.hepmall.cn
印　　张	10.75		
字　　数	202千字	版　　次	2019年4月第1版
购书热线	010-58581118	印　　次	2021年12月第3次印刷
咨询电话	400-810-0598	定　　价	68.00元

《体验汉语®》立体化系列教材

短期教程（修订版）

总 策 划　刘　援

顾　　　问　刘　珣

策 划 编 辑　梁　宇

项 目 编 辑　杨　曦

编写委员会（按姓名音序排列）

<table>
<tr><td>陈作宏</td><td>褚佩如</td><td>高　莹</td><td>吕宇红</td></tr>
<tr><td>孙　易</td><td>田　艳</td><td>汪梦川</td><td>岳建玲</td></tr>
<tr><td>岳　薇</td><td>张　红</td><td>张如梅</td><td>朱晓星</td></tr>
</table>

本 册 主 编　朱晓星　　岳建玲　　吕宇红　　褚佩如

本 册 审 译　Magnus Wilson　　Erin Harper

前言

"体验汉语短期教程"自 2005 年陆续出版以来，受到全球数以万计的汉语教师和学习者的关注和喜爱。为顺应时代变化，紧跟汉语教学的快速发展，编写组在对该系列的使用情况进行广泛调研、认真听取一线教师的宝贵建议后，对该系列教程进行了全面修订和完善。

该系列教程的编写理念是什么？

遵循"体验式语言学习"的理念，强调"做中学、体验中学"，用活动贯穿课堂，提供丰富有趣的练习、活动、游戏、歌曲等，营造愉悦的汉语学习氛围，持续激发学生的学习兴趣。

该系列教程的适用对象有哪些？

适用于中国高校和汉语教学机构短期来华留学生、外交人员及其他外籍人士，也适用于孔子学院、孔子课堂、华文学校等海外汉语教学机构短期汉语学习者。

该系列教程由哪些分册构成？

该系列共七册，涵盖海内外短期汉语课程的主要专题。各篇难度及课时安排列表如下：

篇名	难度	课时安排
《留学篇》	零起点	50—70 课时
《生活篇》	零起点	40—50 课时
《生活篇·进阶》	已完成大约 50 课时的基础汉语学习	60—80 课时
《旅游篇》	已完成大约 50 课时的基础汉语学习	40—50 课时
《文化篇》	已完成大约 160 课时的基础汉语学习	60—80 课时
《商务篇》	已完成大约 160 课时的基础汉语学习	60—80 课时
《公务篇》	已完成大约 50 课时的基础汉语学习	60—80 课时

以上各篇均配有练习册。

该系列教程有哪些编写特点？

1. 以学习者生存需求为依据，以实用的交际任务为主线，注重听说，淡化语法。
2. 课文内容真实，语句简短易学，利于学生记忆和使用。
3. 活动形式多样，实践性强，尤其是互动性的任务活动，能够极大地增强学习者的参与意识。
4. 兼顾中国传统文化与现代生活，展示真实的中国生活图景，利于学习者融入中国社会生活。
5. 提供可灵活选用的板块和学习内容，符合短期汉语教学的特点。
6. 图文并茂，形式活泼。不但可以减轻记忆负担，还可以增加学习者的学习兴趣。
7. 利用二维码链接多种教学资源，如：录音、录音文本、课堂补充活动、课后练习和答案等。

该系列教程由中央民族大学、北京外交人员语言文化中心、北京外国语大学、南开大学等中国一流汉语教学机构的教学专家、优秀编者精心研发而成。感谢本系列教程的海内外广大使用者，感谢为该教程修订提出使用反馈意见和建议的汉语教师们！

编写组
2018 年 12 月

Preface

Since its publication in 2005, *Experiencing Chinese—Short-Term Courses* has attracted the attention of tens of thousands of Chinese teachers and learners worldwide. In order to adapt to the changes over time and the rapid development of Chinese teaching, the authors of the series have conducted extensive surveys on the use of the series and carefully listened to the valuable suggestions from the top-tier teachers. With the joint efforts of the writing and editing teams, the book series has been elaborately revised and modified, and now the revised edition has been published.

What is the idea of this book series?

Following the concept of "learning language through experiencing", the book series emphasizes "learning by doing and learning by experiencing". It has designed a variety of activities throughout the courses to provide a great deal of interesting exercises, activities, games, songs, etc., so as to create a pleasant Chinese learning atmosphere and continuously stimulate students' interests in learning Chinese.

Who is this book series for?

The book series is for short-term overseas students in Chinese universities and Chinese teaching institutions, foreign diplomats and other foreigners in China. It also suits the short-term Chinese learners from Chinese teaching institutions overseas, such as Confucius Institutes, Confucius Classrooms and Chinese Language Schools, etc.

How is this book series organized?

The book series is comprised of seven volumes, which cover the main topics of short-term Chinese courses in China and overseas. The levels of difficulty and class hours of each volume are listed as follows:

Courses	Levels of Difficulty	Class Hours
Studying in China	beginners	50—70
Living in China	beginners	40—50
Living in China · Advanced	learners who have completed about 50 class hours of basic Chinese learning	60—80
Traveling in China	learners who have completed about 50 class hours of basic Chinese learning	40—50
Cultural Communication in China	learners who have completed about 160 class hours of basic Chinese learning	60—80

(to be continued)

Courses	Levels of Difficulty	Class Hours
Business Communication in China	learners who have completed about 160 class hours of basic Chinese learning	60—80
Official Communication in China	learners who have completed about 50 class hours of basic Chinese learning	60—80

Each volume is companied by its workbook.

What makes this book series special?

1. It emphasizes listening and speaking instead of grammar, puts the learners' daily needs first, and follows practical communication tasks.
2. Its content is selected from daily life and the sentences are brief and easy to learn, which is helpful for students to memorize and use Chinese.
3. It provides various practical activities, and these interactive task-based activities can greatly enhance learners' awareness of participation.
4. It highlights both traditional Chinese culture and modern life, and reveals the real pictures of life in China, which aids the learners to blend into Chinese social life.
5. It provides a flexible selection of lively teaching modules and learning content, which is suitable for the characteristics of short-term Chinese teaching.
6. Its vivid pictures and varied activities not only relieve learners of the burden of memorization but also spark learners' interest in Chinese learning.
7. It provides a QR Code for teachers and learners, which links to a rich source of teaching materials, such as recordings, transcripts, supplementary in-class activities, after-class exercises, answers, etc.

The book series has been conscientiously written by teaching experts and excellent researchers from Minzu University of China, The Beijing Language and Cultural Center for Diplomatic Missions, Beijing Foreign Studies University, Nankai University and other top Chinese language teaching institutions in China. We sincerely give thanks to the vast number of readers in China and abroad, and thanks the Chinese teachers who have used this book series for teaching and have warmly provided helpful feedback and suggestions!

Authors

December 2018

《生活篇》适用于 40—50 课时的零起点汉语短期班。本书安排了 1 个语音训练（2—4 课时）和 12 个正课（每课 3—4 课时）。每课由"学习目标""热身""词语""关键句""课文""注释""练习""拓展"等几个板块组成。学完本书，学生可掌握约 273 个词语及 75 个关键句。

学习目标

列出明确的学习目标，帮助师生了解当课的学习重点。

热身

以与当课主题相关的练习引导学生进入新课，利用学生已知信息为后面的学习做准备。

词语

展示当课新词语，配有拼音和英文翻译，帮助学生课前预习，满足课堂操练需要。

关键句

展示本课关键句子，帮助学生直接掌握本课学习重点。

课文

每课包括以真实生活为场景的两段对话。语言简短实用，贴近日常生活。

注释

用简单易懂的语言解释课文中出现的语法重点和语言难点。学生边学边看，及时解决难点。

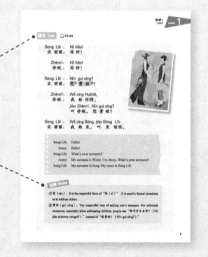

练习

每段课文后配有与其语言点或话题相关的练习，既有机械性练习，又有交际性练习，帮助学生巩固所学知识。

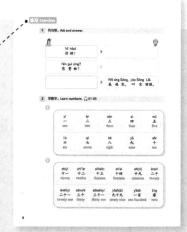

综合练习

每课后配有本课相关的口语、听力、语法、表达等综合练习，帮助学生全方位提高语言能力。

汉字

用生动的图片，帮助学生掌握常用汉字。

文化

每课以中英文对照的方式介绍相关中华文化知识点，帮助学生了解中国文化、引发学生对中华文化的兴趣。

补充词语

补充与当课主题相关的词语，帮助扩大学生词汇量。

编者

2018 年 12 月

Introduction

Living in China is designed for short-term courses for Chinese beginners (40—50 hours). This book includes 1 pronunciation training (2-4 hours), 12 regular lessons (3-4 hours for each lesson). Each lesson consists of several parts, namely Objectives, Warm-up, Words and Phrases, Key Sentences, Text, Exercises and Extension. Students will obtain about 273 words and phrases and 75 key sentences after finishing this book.

Objectives

The target-based learning objectives will help teachers and students understand key points of the lesson.

Warm-up

The exercises related to the topic of each lesson here lead students to familiarize new topics and use students' prior knowledge to prepare for the further learning.

Words and Phrases

Words and Phrases are presented in characters, *Pinyin* and English translation. This helps students preview the lesson on their own, and meets the needs of classroom.

Key Sentences

Key Sentences of the lesson are highlighted here to help students master the important points directly.

Text

Each lesson contains 2 dialogs based on real-life scenarios. The languages of the dialogs are natural, practical and close to daily life.

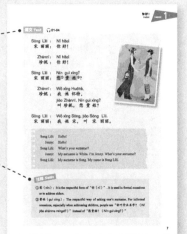

Notes

Important and difficult language points in the text are explained in simple ways, which is very convenient for students while learning the text.

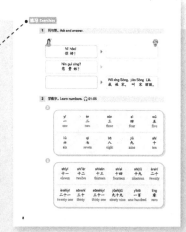

Exercises

There are exercises related to the language points or topics after each text, including mechanical exercises and communicative practices, which helps students review and consolidate the usage of important language structures and patterns.

Comprehensive Exercises

There are oral, listening, grammar and presentation exercises related to the lessons after each lesson, helping students improve their language abilities in all aspects.

Characters

Help students master common Chinese characters with vivid pictures.

Do you know

Each lesson introduces a Chinese cultural point in both English and Chinese, helping students have a better understanding of Chinese culture and arousing students' interests in Chinese culture.

Supplementary words

It helps students enlarge their vocabulary with the supplementary words related to the topic of each lesson.

Authors

December 2018

目录 Contents

识别上方二维码

或登录 http://2d.hep.cn/49526/1

获取图书相关资源

Yǔyīn xùnliàn
语音 训练
Pronunciation

1. 学会汉语拼音的声母、韵母和声调　Learning initials, finals and tones of Chinese *Pinyin*
2. 拼读和声调练习　Basic pronunciation and tone drills

A Chinese syllable is usually composed of an initial, a final and a tone. An initial is a consonant that begins the syllable and a final is the rest of the syllable. If you want to learn to speak Chinese, you should learn the initials, the finals and the tones first.

声母和韵母 Initials and finals

声母　*Initials* 🎧 00-01					
b p m f	d t n l	g k h	j q x	zh ch sh r	z c s

韵母　*Finals* 🎧 00-02			
	i	u	ü
a	ia	ua	
o		uo	
e	ie		üe
ai		uai	
ei		uei (ui)	
ao	iao		
ou	iou (iu)		
an	ian	uan	üan
en	in	uen (un)	ün
ang	iang	uang	
eng	ing	ueng	
ong	iong		

1. When "i" forms a syllable by itself, it is written as "yi" ; when "i" occurs at the beginning of a syllable, it is written as "y".

   e.g. i—yi ia—ya ian—yan

2. When "u" forms a syllable by itself, it should be written as "wu"; when "u" occurs at the beginning of a syllable, it is written as "w".

   e.g. u—wu ua—wa uan—wan

3. When "ü" forms a syllable by itself or occurs at the beginning of a syllable, it is written as "yu", with the dots dropped.

   e.g. ü—yu üan—yuan ün—yun üe—yue

4. When "j", "q", "x" are put before "ü" or a final begins with "ü", the two dots in "ü" are dropped.

   e.g. jüzi—juzi qüanbu—quanbu xüexi—xuexi

拼读练习 **Pronunciation Drills**

1. 单韵母音节 The mono final syllables 🎧 00-03

ba	pa	ma	fa		da	ta	na	la		ga	ka	ha		
bo	po	mo	fo		de	te	ne	le		ge	ke	he		
bi	pi	mi			di	ti	ni	li						
bu	pu	mu	fu		du	tu	nu	lu				nü	lü	

2. 复韵母音节 The compound final syllables 🎧 00-04

gai	kai	hai	gei	kei	hei	lia	
gao	kao	hao	gou	kou	hou	lie	nie
gua	kua	hua	guo	kuo	huo	liao	niao
guai	kuai	huai	gui	kui	hui	liu	niu
						lüe	nüe

3. 鼻韵母音节 The nasal-ended final syllables 🎧 00-05

ban	ben	bang	beng			pan	pen	pang	peng		
man	men	mang	meng			fan	fen	fang	feng		
dan	den	dang	deng	dong		tan		tang	teng	tong	
nan	nen	nang	neng	nong		lan		lang	leng	long	luan	nuan

bin	bing	pin	ping		min	ming		lin	ling		nin	ning

4. 声母是 j、q、x 的音节　The syllables with initials j, q, x　🎧 00-06

ji　qi　xi　　ju　qu　xu　　jue　que　xue

jin　jing　　jian　jiang　　qian　qiang　　xian　xiang

5. 声母是 zh、ch、sh、r 和 z、c、s 的音节　The syllables with initials zh, ch, sh, r and z, c, s　🎧 00-07

zhi　chi　shi　ri　　　zi　ci　si

zhe　che　she　re　　　ze　ce　se

zhan　chan　shan　ran　　　zan　can　san

zhang　chang　shang　rang　　　zong　cong　song

6. 以 y、w 开头的音节　The syllables initiated by y and w　🎧 00-08

yi　wu　yu　　　wa　wo　wai　wei　　wan　wen　wang　weng

yin　ying　yan　yang　　　yun　yuan　yong

声调 Tones

　　There are four basic tones and one neutral tone in the standard Chinese. They are indicated by tone graphs. Namely, "‾" (the first tone), "ˊ" (the second tone), "ˇ" (the third tone), "ˋ" (the fourth tone) and the neutral tone which is not marked. When a syllable is pronounced in different tones, it has different meanings. For example: tāng means "soup", táng means "sugar", tǎng means "to lie down" and tàng means "hot" or "to iron".

Diagram of tones

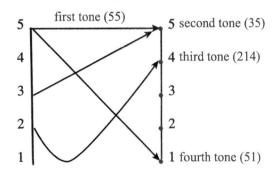

1. 基本声调练习。 🎧 00-09

Four basic tones drill.

mā	má	mǎ	mà
gē	gé	gě	gè
hāo	háo	hǎo	hào
qiān	qián	qiǎn	qiàn

mā 妈　má 麻　mǎ 马　mà 骂

2. 当两个三声音节连在一起时，第一个要读成二声。例如 nǐ hǎo → ní hǎo。

When there are two third-tone syllables together, the first one should be pronounced with the second tone while the tone of the second syllable stays unchanged. For example: nǐ hǎo → ní hǎo.

请跟读下列词语。Please read the following words. 🎧 00-10

hěn hǎo　　　yǔfǎ　　　fǔdǎo　　　suǒyǒu

3. 当三声音节在第一、二、四和轻声前边时，要变成"半三声"。也就是只读原来第三声的前一半降调。例如：nǐmen → nǐmen。

When a third tone followed by a first, second or fourth tone, or neutral tone, it is pronounced in the "half" third tone. That is, the tone that only falls but doesn't rise. For example: nǐmen → nǐmen.

请跟读下列词语。Please read the following words. 🎧 00-11

Běijīng　　　kǎoyā　　　Měiguó　　　lǚxíng

wǎnfàn　　　kěpà　　　xǐhuan　　　jiějie

4. 轻声需读得又短又轻。The neutral tone is very light and short.

跟读下列词语。Please read the following words. 🎧 00-12

māma　　　gēge　　　yéye　　　zhízi

nǎinai　　　jiějie　　　dìdi　　　mèimei

Nǐ hǎo！

你好！

Hello!

学习目标 Objectives

1. 学会问候的基本表达用语　Learn to greet people
2. 学会介绍自己的姓名、国籍　Learn to introduce one's name and nationality

热身 Warm-up 🎧 01-01

Nǐ hǎo! Wáng xiǎojiě.
你好！ 王 小姐。
Hello! Miss Wang.

Nǐ hǎo! Lǐ xiānsheng.
你好！李 先生 。
Hello! Mr. Li.

Wǒ hěn hǎo.
我 很 好。
I'm fine.

Nǐ hǎo ma?
你 好 吗?
How are you?

词语 Words and Phrases   01-02

1	你	nǐ	you
2	好	hǎo	good
3	您	nín	you
4	贵姓	guì xìng	surname
5	我	wǒ	I, me
6	姓	xìng	surname, family name
7	叫	jiào	to be named

专有名词 Proper Nouns

1	宋	Sòng	Song (a Chinese surname)
2	丽丽	Lìli	Lili (a Chinese given name)
3	珍妮	Zhēnnī	Jenny
4	怀特	Huáitè	White

关键句 Key Sentences 01-03

1
Nǐ hǎo!
你好！ Hello!

2
Nín guì xìng?
您贵姓？ What is your surname?

3
Wǒ xìng Sòng, jiào Sòng Lìli.
我姓宋，叫宋丽丽。 My surname is Song. My name is Song Lili.

课文 Text 🎧 01-04

Sòng Lìli : Nǐ hǎo!
宋 丽 丽： 你 好！

Zhēnnī： Nǐ hǎo!
珍 妮： 你 好！

Sòng Lìli : Nín guì xìng?
宋 丽 丽： 您① 贵 姓②？

Zhēnnī： Wǒ xìng Huáitè,
珍 妮： 我 姓 怀特，

jiào Zhēnnī. Nín guì xìng?
叫 珍 妮。 您 贵 姓？

Sòng Lìli : Wǒ xìng Sòng, jiào Sòng Lìli.
宋 丽 丽： 我 姓 宋， 叫 宋 丽 丽。

Song Lili: Hello!
Jenny: Hello!
Song Lili: What's your surname?
Jenny: My surname is White. I'm Jenny. What's your surname?
Song Lili: My surname is Song. My name is Song Lili.

注释 Notes

① 您（nín）: It is the respectful form of "你（nǐ）". It is used in formal occasions or to address elders.

② 贵姓（guì xìng）: The respectful way of asking one's surname. For informal occasions, especially when addressing children, people use "你叫什么名字？（Nǐ jiào shénme míngzi？）" instead of "您贵姓？（Nín guì xìng？）"

1 问与答。Ask and answer.

Nǐ hǎo! 你 好！	▶	
Nín guì xìng? 您 贵 姓？	▶	
	▶	Wǒ xìng Sòng, jiào Sòng Lìli. 我 姓 宋，叫 宋 丽丽。

2 学数字。Learn numbers. 🎧 01-05

①

yī 一 one	èr 二 two	sān 三 three	sì 四 four	wǔ 五 five
liù 六 six	qī 七 seven	bā 八 eight	jiǔ 九 nine	shí 十 ten

②

shíyī 十一 eleven	shí'èr 十二 twelve	shísān 十三 thirteen	shísì 十四 fourteen	shíjiǔ 十九 nineteen	èrshí 二十 twenty
èrshíyī 二十一 twenty one	sānshí 三十 thirty	sānshíyī 三十一 thirty one	jiǔshíjiǔ 九十九 ninety nine	yìbǎi 一百 one hundred	líng 零 zero

第二部分 Part II

词语 Words and Phrases   01-06

1	吗	ma	*an interrogative particle*
2	很	hěn	very
3	呢	ne	*an interrogative particle*
4	也	yě	also, too
5	是	shì	to be
6	不	bù	not, no
7	哪	nǎ	which
8	国	guó	country
9	人	rén	person

专有名词 Proper Nouns

1	马丁	Mǎdīng	Martin
2	张华	Zhāng Huá	Zhang Hua
3	英国人	Yīngguórén	Englishman, British
4	美国人	Měiguórén	American

关键句 Key Sentences 01-07

1
Nǐ hǎo ma?
你 好 吗？ How are you?

2
Wǒ hěn hǎo.
我 很 好。 I am fine.

3
Nǐ ne?
你 呢？ And you?

4
Nǐ shì Yīngguórén ma?
你 是 英国人 吗？ Are you British?

5
Nǐ shì nǎ guó rén?
你 是 哪 国 人？ Which country are you from?

Mǎdīng: Nǐ hǎo ma?
马 丁： 你 好 吗③？

Zhāng Huá: Wǒ hěn hǎo. Nǐ ne?
张 华： 我 很 好。你 呢④？

Mǎdīng: Wǒ yě hěn hǎo.
马 丁： 我 也 很 好。

Zhāng Huá: Nǐ shì Yīngguórén ma?
张 华： 你 是 英国人 吗？

Mǎdīng: Bú shì.
马 丁： 不⑤ 是。

Zhāng Huá: Nǐ shì nǎ guó rén?
张 华： 你 是 哪 国 人？

Mǎdīng: Wǒ shì Měiguórén.
马 丁： 我 是 美国人。

Martin:	How are you?
Zhang Hua:	I'm fine. And you?
Martin:	I'm fine, too.
Zhang Hua:	Are you British?
Martin:	No, I'm not.
Zhang Hua:	Which country are you from?
Martin:	The United States.

注释 Notes

③ 吗（ma）：It's a very common interrogative particle. It always appears at the end of a sentence, turning a declarative form into a question.

④ 呢（ne）：It expresses a kind of interrogative. As in the dialogue above, it is often used to ask a similar question to the one that was just asked.

⑤ 不（bù）：It means "not". It is used before the word it negates.

练习 Exercises

1 模仿例子改写句子。Rewrite the sentences according to the models.

1 例
Nǐ hǎo!
你 好！ ⇒ Nǐ hǎo ma?
你 好 吗？

1
Wǒ xìng Sòng.
我 姓 宋。 ⇒ _____

2
Tā jiào Zhāng Huá.
他 叫 张 华。 ⇒ _____

3
Wǒ shì Měiguórén.
我 是 美 国 人。 ⇒ _____

2 例
Wǒ xìng Zhāng.
我 姓 张。 ⇒ Wǒ bú xìng Zhāng.
我 不 姓 张。

1
Wǒ xìng Mǎ.
我 姓 马。 ⇒ _____

2
Wǒ jiào Zhāng Lì.
我 叫 张 力。 ⇒ _____

3
Wǒ shì Zhōngguórén.
我 是 中 国 人。 ⇒ _____

3 例
Wǒ xìng Mǎ.
我 姓 马。 ⇒ Wǒ yě xìng Mǎ.
我 也 姓 马。

1
Wǒ hěn hǎo.
我 很 好。 ⇒ _____

2
Wǒ shì Zhōngguórén.
我 是 中 国 人。 ⇒ _____

3
Wǒ bú xìng Wáng.
我 不 姓 王。 ⇒ _____

2 学词语，练问答。Learn words, then ask and answer.

Zhōngguó
中国
China

Zhōngguórén
中国人
Chinese

Déguó
德国
Germany

Déguórén
德国人
German

Rìběn
日本
Japan

Rìběnrén
日本人
Japanese

Fǎguó
法国
France

Fǎguórén
法国人
Frenchman

Xībānyá
西班牙
Spain

Xībānyárén
西班牙人
Spanish

Nǐ hǎo ma?
你 好 吗？ ⇒

....

Nǐ shì Yīngguórén ma?
你 是 英国人 吗？ ⇒

....

Nǐ shì nǎ guó rén?
你 是 哪 国 人？ ⇒

....

⇒ Wǒ shì Zhōngguórén.
我 是 中国人。

....

综合练习 Comprehensive Exercises

1 听录音跟读。Listen and read. 🎧 01-09

nǐ 你	nín 您	wǒ 我	tā 他
xiānsheng 先生	xiǎojiě 小姐	nǐ hǎo 你好	nín guì xìng 您贵姓

2 听录音跟读，注意声调变化。Listen and read, pay attention to the changes of tones.
🎧 01-10

hěn hǎo
很 好

nǐ hǎo
你 好

yě hǎo
也 好

wǒ yě hěn hǎo
我 也 很 好

bú shì
不 是

bú kèqi
不 客气 you're welcome

bù hǎo
不 好

duìbuqǐ
对不起 sorry

3 听录音，选择正确答案。Listen and choose the correct answer. 🎧 01-11

1
a. Nǐ hǎo!
你好!

b. Wǒ hěn hǎo.
我很好。

c. Nǐ hǎo ma?
你好吗?

2
a. Wǒ guì xìng Mǎ.
我贵姓马。

b. Wǒ xìng Mǎ.
我姓马。

c. Nín guì xìng?
您贵姓?

4 听录音跟读，然后连线。Listen, read and match. 🎧 01-12

1 Nǐ hǎo!
你好!

2 Xièxie.
谢谢!
Thanks!

3 Bú kèqi.
不客气。

4 Duìbuqǐ.
对不起。

5 Méi guānxi.
没关系。
That's all right.

6 Zàijiàn!
再见!
Goodbye!

Nǐ hǎo!
你好!

Méi guānxi.
没关系。

Duìbuqǐ.
对不起。

Nǐ hǎo!
你好!

Zàijiàn!
再见!

Bú kèqi.
不客气。

Xièxie!
谢谢!

Zàijiàn!
再见!

5 角色扮演：根据提示完成对话。Role-play: make a dialogue according to the information.

Zhōngguórén
中国人

Zhāng Huá
张 华

Yīngguórén
英国人

Mǎdīng
马丁

Nín hǎo!
您好!

Nín guì xìng?
您贵姓?

拓展 Extension

1 汉字。Characters.

nǐ hǎo

Hello

huān yíng

欢 迎

welcome

2 你知道吗？ **Do you know?**

　　中国人的姓名以两个字或三个字最为常见，一般情况下，第一个字是姓，后边的是名。中国人常用姓加上称谓称呼别人，如"李小姐""王先生"等。调查显示，目前中国使用最多的十个姓是：李、王、张、刘、陈、杨、赵、黄、周、吴。

Chinese names often have two or three characters. In ordinary, the first character is the surname, followed by the given name. When people address each other, they may use the surname plus a certain title, like "Lǐ xiǎojiě", "Wáng xiānsheng", etc. According to the survey, the ten most common surnames in China are: Lǐ, Wáng, Zhāng, Liú, Chén, Yáng, Zhào, Huáng, Zhōu and Wú.

一	yī	one		十二	shí'èr	twelve
二	èr	two		十三	shísān	thirteen
三	sān	three		十四	shísì	fourteen
四	sì	four		十九	shíjiǔ	nineteen
五	wǔ	five		二十	èrshí	twenty
六	liù	six		二十一	èrshíyī	twenty one
七	qī	seven		三十	sānshí	thirty
八	bā	eight		三十一	sānshíyī	thirty one
九	jiǔ	nine		九十九	jiǔshíjiǔ	ninety nine
十	shí	ten		一百	yìbǎi	one hundred
十一	shíyī	eleven		零	líng	zero

中国	Zhōngguó	China
德国	Déguó	Germany
日本	Rìběn	Japan
法国	Fǎguó	France
西班牙	Xībānyá	Spain

中国人	Zhōngguórén	Chinese
德国人	Déguórén	German
日本人	Rìběnrén	Japanese
法国人	Fǎguórén	Frenchman
西班牙人	Xībānyárén	Spanish

不客气	búkèqi	you're welcome
对不起	duìbuqǐ	sorry
谢谢	xièxie	thanks
没关系	méiguānxi	that's all right
再见	zàijiàn	goodbye

Xiànzài jǐ diǎn?

现在几点？

What time is it now?

学习目标 Objectives

1. 学会时间的表达　Learn to talk about the time
2. 学会日期的表达　Learn to talk about the date

热身 Warm-up 🎧 02-01

bā diǎn
八 点
8 o'clock

bā diǎn líng wǔ (fēn)
八 点 零 五 (分)
5 minutes past 8

bā diǎn shíwǔ (fēn)
八 点 十五 (分)
15 minutes past 8

bā diǎn yí kè
八 点 一 刻
a quarter past 8

bā diǎn sānshí (fēn)
八 点 三十 (分)
30 minutes past 8

bā diǎn bàn
八 点 半
half past 8

bā diǎn sìshíwǔ (fēn)
八 点 四十五 (分)
45 minutes past 8

bā diǎn wǔshíwǔ (fēn)
八 点 五十五 (分)
55 minutes past 8

chà wǔ fēn jiǔ diǎn
差 五 分 九 点
5 minutes minus 9

词语 Words and Phrases 🎧 02-02

1	现在	xiànzài	now, at the present time
2	几	jǐ	how many, how much
3	点	diǎn	o'clock
4	半	bàn	half
5	回	huí	go back
6	家	jiā	home, family

关键句 Key Sentences 🎧 02-03

Xiànzài jǐ diǎn?
1 现在 几点？　What time is it now?

Wǒ qī diǎn bàn huí jiā.
2 我七点半回家。　I am going home at 7:30.

课文 Text 🎧 02-04

Sòng Lìli : Xiànzài jǐ diǎn?
宋 丽丽： 现在 几点？

Zhāng Huá : Xiànzài liù diǎn bàn.
张 华： 现在 六点半。

Sòng Lìli : Nǐ jǐ diǎn huí jiā?
宋 丽丽： 你几点回家？

Zhāng Huá: Wǒ qī diǎn huí jiā.   Nǐ ne?
张　华：　　我 七 点 回 家。你 呢？

Sòng Lìli :   Wǒ qī diǎn bàn huí jiā.
宋 丽 丽：　我 七 点 半 回 家。

Song Lili: What time is it now?

Zhang Hua: It's half past six.

Song Lili: When are you going home?

Zhang Hua: 7 o'clock. And you?

Song Lili: I am going home at 7:30.

练习 Exercises

1   看图完成对话。 Complete the dialogues according to the pictures.

Xiànzài jǐ diǎn?
A：现在 几 点？

Xiànzài   .
B：现在 _____ 。

2 学词语，说时间。Learn words and say the time.

zǎoshang
早上
early morning

shàngwǔ
上午
morning

zhōngwǔ
中午
noon

xiàwǔ
下午
afternoon

wǎnshang
晚上
evening

zǎoshang liù diǎn
早上　6 点

3 替换练习。Substitution.

Nǐ jǐ diǎn huí jiā?
A: 你几点回家？

Wǒ bā diǎn huí jiā.
B: 我八点回家。

shàngbān
上班
go to work

xiàbān
下班
get off work

chī wǎnfàn
吃 晚饭
have dinner

shuìjiào
睡觉
go to bed

第二部分 Part II

词语 Words and Phrases 🎧 02-05

1	今天	jīntiān	today
2	号（日）	hào (rì)	day (of the month)
3	月	yuè	month
4	去	qù	go to
5	星期	xīngqī	week
6	星期二	xīngqī'èr	Tuesday

专有名词 Proper Nouns

| 1 | 上海 | Shànghǎi | Shanghai |
| 2 | 北京 | Běijīng | Beijing |

1
Jīntiān jǐ hào?
今天 几 号？   What day is today?

2
Jīntiān bā yuè bā hào.
今天 八 月 八 号。   Today is the 8th of August.

3
Shísān hào shì xīngqī jǐ?
十三 号 是 星期 几？   What day is the 13th?

课文 Text   🎧 02-07

Mǎdīng: Jīntiān jǐ hào?
马丁：   今天 几 号？

Sòng Lìli: Jīntiān bā yuè bā hào.
宋 丽丽：   今天 八 月① 八 号。

Mǎdīng: Nǐ jǐ hào qù Shànghǎi?
马丁：   你 几 号 去 上海？

Sòng Lìli: Wǒ shí hào qù Shànghǎi, shísān hào huí Běijīng.
宋 丽丽：   我 十 号 去 上海， 十三 号 回 北京。

Mǎdīng: Shísān hào shì xīngqī jǐ?
马丁：   十三 号 是 星期 几？

Sòng Lìli: Shísān hào shì xīngqī'èr.
宋 丽丽：   十三 号 是 星期二②。

Martin:　　　What day is today?

Song Lili:　　Today is the 8th of August.

Martin:　　　Which day are you going to Shanghai?

Song Lili:　　I am going to Shanghai on the 10th, and coming back to Beijing on the 13th.

Martin:　　　What day is the 13th?

Song Lili:　　It's Tuesday.

注释 Notes

①八月（bā yuè）：Chinese people use the word one to twelve with the word "月（yuè）" to represent the corresponding month of the year.

②星期二（xīngqī'èr）：Chinese people use the word "星期（xīngqī）" and the word "日/天（rì/tiān），一（yī），二（èr），三（sān），四（sì），五（wǔ），六（liù）" to represent some day of a week.

练习 Exercises

1　读一读，然后连线。Read and match.

Jīntiān jǐ hào?
1　今天 几号?　•

Xiànzài jǐ diǎn?
2　现在 几点?　•

Nǐ jǐ diǎn shàngbān?
3　你几点 上班?　•

Jīntiān xīngqī jǐ?
4　今天 星期几?　•

Xiànzài shí'èr diǎn.
•　a. 现在 十二 点。

Jīntiān xīngqīsān.
•　b. 今天 星期三。

Jīntiān qī yuè shísì hào.
•　c. 今天 七 月 十四 号。

Wǒ jiǔ diǎn shàngbān.
•　d. 我 九 点 上班。

Jīntiān shì èr líng yī bā nián shíyī yuè shí hào, xīngqīliù.
今天 是 2018 年 11 月 10 号，星期六。

qiántiān
前天
the day before yesterday

zuótiān
昨天
yesterday

míngtiān
明天
tomorrow

小词库 Word box

nián
年
year

hòutiān
后天
the day after tomorrow

3   连词成句。Put the words in right order to make sentences.

1	xīngqī 星期	nǐ 你	huí 回	jǐ 几	guó 国
2	Shànghǎi 上海	qù 去	bā 八	wǒ 我	hào 号
3	xīngqīwǔ 星期五	shì 是	hào 号	jǐ 几	
4	jǐ 几	shàngbān 上班	nǐ 你	diǎn 点	

综合练习 Comprehensive Exercises

1   听录音跟读。Listen and read. 🎧 02-08

qù 去	chī 吃	jǐ diǎn 几 点	qī diǎn 七 点
jīntiān 今天	jǐ tiān 几 天	xīngqī 星期	xiànzài 现在

2   听录音，选择正确答案。Listen and choose the correct answer. 🎧 02-09

1   a.   Zhēnnī jīntiān xiàwǔ qù Sòng Lìli jiā.
珍妮 今天 下午 去 宋 丽丽 家。

b.   Zhēnnī míngtiān xiàwǔ qù Sòng Lìli jiā.
珍妮 明天 下午 去 宋 丽丽 家。

c.   Zhēnnī míngtiān shàngwǔ qù Sòng Lìli jiā.
珍妮 明天 上午 去 宋 丽丽 家。

2 a. Mǎdīng liù diǎn chī wǎnfàn.
马丁 六 点 吃 晚饭。

b. Mǎdīng liù diǎn yí kè chī wǎnfàn.
马丁 六 点 一 刻 吃 晚饭。

c. Mǎdīng qī diǎn chī wǎnfàn.
马丁 七 点 吃 晚饭。

3 a. Zhāng Huá xīngqīliù huí Běijīng.
张 华 星期六 回 北京。

b. Zhāng Huá èr hào huí Běijīng.
张 华 二 号 回 北京。

c. Zhāng Huá liù hào huí Běijīng.
张 华 六 号 回 北京。

3 根据你周末的安排填写下表。Fill the following table according to your weekend schedule.

	xīngqīliù 星期六	xīngqīrì 星期日
zǎoshang 早上		
shàngwǔ 上午		
zhōngwǔ 中午		
xiàwǔ 下午		
wǎnshang 晚上		

拓展 Extension

1 认汉字。Characters.

bàn　gōng　shí　jiān

办　公　时　间

office hours

yíng　yè　shí　jiān

营　业　时　间

business hours

2 你知道吗？Do you know?

　　汉语的时间排列顺序通常是从大到小，顺序为：年、月、日、星期、上午／下午、点、分。如：2018 年 11 月 10 日星期六上午 10 点 05 分。

In Chinese, the order when telling the time is from big to small: year, month, day, day of the week, time of day, hour, minute. e.g. èr líng yī bā nián shíyī yuè shí rì xīngqīliù shàngwǔ shí diǎn líng wǔ fēn.

3 补充词语。Supplementary words.

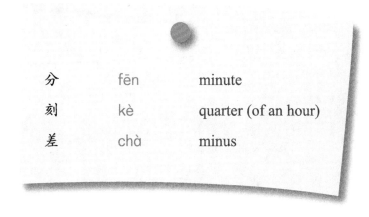

分	fēn	minute
刻	kè	quarter (of an hour)
差	chà	minus

早上	zǎoshang	early morning
上午	shàngwǔ	morning
中午	zhōngwǔ	noon
下午	xiàwǔ	afternoon
晚上	wǎnshang	evening

上班	shàngbān	go to work
下班	xiàbān	get off work
吃晚饭	chī wǎnfàn	have dinner
睡觉	shuìjiào	go to bed

前天	qiántiān	the day before yesterday
昨天	zuótiān	yesterday
明天	míngtiān	tomorrow
后天	hòutiān	the day after tomorrow
年	nián	year

Zhè jiàn máoyī zěnme mài ?
这 件 毛衣 怎么 卖？
How much does the sweater cost?

学习目标 Objectives

1. 询问价钱及价钱的表达　Learn to ask for price and talk about price
2. 学会简单讨价还价　Learn to bargain
3. 提出对所买东西大小、颜色等的具体要求
   Learn to make requests on the size, colour and so on of the bought things

热身 Warm-up 🎧 03-01

yìbǎi kuài
一百 块
one hundred *yuan*

wǔshí kuài
五十 块
fifty *yuan*

èrshí kuài
二十 块
twenty *yuan*

shí kuài
十 块
ten *yuan*

wǔ kuài
五 块
five *yuan*

yí kuài
一 块
one *yuan*

wǔ máo
五 毛
fifty cents

yì máo
一 毛
ten cents

词语 Words and Phrases 🎧 03-02

1	卖家	màijiā	seller
2	买	mǎi	buy
3	什么	shénme	what
4	苹果	píngguǒ	apple
5	多少	duōshao	how much, how many
6	钱	qián	money
7	斤	jīn	*jin* (half one kilogram, 500 grams)
8	块	kuài	*kuai* (the spoken way for *yuan*, the basic unit of Chinese currency)
9	草莓	cǎoméi	strawberry
10	要	yào	want
11	个	gè	*the most commonly used measure word for objects*
12	两	liǎng	two (when followed by a measure word)
13	一共	yígòng	altogether
14	给	gěi	give
15	找	zhǎo	give back (change)

关键句 Key Sentences 🎧 03-03

Píngguǒ duōshao qián yì jīn?

1 苹果 多少 钱 一斤？ How much are the apples for half one kilogram?

Wǒ yào wǔ ge píngguǒ, liǎng jīn cǎoméi.

2 我 要 五个 苹果， 两 斤 草莓。
I want 5 apples and 1 kilogram of strawberries.

Yígòng duōshao qián?

3 一共 多少 钱？ How much altogether?

课文 Text　🎧 03-04

Màijiā:　Nǐ hǎo!　Nǐ mǎi shénme?
卖家：　你 好！你 买 什么？

Zhēnnī:　Wǒ mǎi píngguǒ, duōshao qián yì jīn?
珍妮：　我 买 苹果，多少 钱 一斤？

Màijiā:　Liù kuài yì jīn.
卖家：　六 块 一斤。

Zhēnnī:　Cǎoméi ne?
珍妮：　草莓 呢？

Màijiā:　Èrshí kuài yì jīn. Nǐ yào duōshao?
卖家：　二十 块 一斤。你 要 多少？

Zhēnnī:　Wǒ yào wǔ ge　píngguǒ, liǎng jīn
珍妮：　我 要 五个① 苹果，两② 斤

　　　　cǎoméi. Yígòng duōshao qián?
　　　　草莓。一共 多少 钱？

Màijiā:　Yígòng wǔshíbā kuài.
卖家：　一共 五十八 块。

Zhēnnī:　Gěi nǐ qián.
珍妮：　给 你 钱。

Màijiā:　Zhǎo nǐ sìshí'èr kuài.
卖家：　找 你 四十二 块。

Seller:　Hello! What do you want to buy?

Jenny:　Apples. How much are they for half one kilogram?

Seller:　6 *kuai* for half one kilogram.

Jenny:　What about strawberries?

Seller:　20 *kuai* for half one kilogram. How much do you want?

Jenny:　I want 5 apples and 1 kilogram of strawberries. How much altogether?

Seller:　It's 58 *yuan* in total.

Jenny:　Here is the money.

Seller:　Here is your change, 42 *yuan*.

① 个（gè）：Here it is used as the measure word for apples. In modern Chinese, a number can't be used alone before a noun. A measure word is usually inserted between the number and the noun. Each noun has its own specific measure word and that should be used with it. "个（gè）" is the most commonly used one. Usually "个（gè）" is pronunciated in neutral tone.

② 两（liǎng）：Both the words "二（èr）" and "两（liǎng）" in Chinese indicate "two". When "two" is used before measure words to indicate the quantity of some objects, "两（liǎng）" should be used, e.g. "两个苹果（liǎng ge píngguǒ）". But numbers that contain 2 should be pronounced "二（èr）".

练习 Exercises

1 看图完成对话。Complete the dialogues according to the pictures.

Nǐ mǎi shénme?
A：你 买 什么？

B：_____ 。

miànbāo
面包   gè
        个
bread

kělè
可乐   píng
        瓶 bottle
cola

píjiǔ
啤酒   píng
        瓶
beer

niúnǎi
牛奶   píng
        瓶
milk

2 两人一组，一人扮演顾客，一人扮演卖家，进行对话。Play in pairs to make dialogue. One acts as the customer and the other as the seller.

Duōshao qián yì jīn?
多少 钱 一 斤？

Nǐ yào duōshao?
你 要 多少？

Wǒ yào   Yígòng duōshao qián?
我 要 …… 一共 多少 钱？

Yígòng
一共 …… 。

¥6.80

chéngzi

橙子

orange

¥4.50

pútao

葡萄

grape

¥15.00

lìzhī

荔枝

lychee

¥2.00

huángguā

黄瓜

cucumber

¥3.00

xīhóngshì

西红柿

tomato

¥2.00

tǔdòu

土豆

potato

¥2.50

húluóbo

胡萝卜

carrot

第二部分 Part II

词语 Words and Phrases　 03-05

1	那	nà	that
2	件	jiàn	*a measure word* (used for articles of clothing)
3	毛衣	máoyī	sweater
4	有	yǒu	have
5	红（色）	hóng (sè)	red
6	的	de	*a structural particle* (used to represent an object)
7	没有	méiyǒu	have not
8	黑（色）	hēi (sè)	black
9	试	shì	try
10	这	zhè	this

11	太	tài	too
12	小	xiǎo	small
13	了	le	*a modal particle*
14	大	dà	big
15	（一）点儿	(yì) diǎnr	a little, a bit
16	合适	héshì	fit, suitable
17	怎么	zěnme	how
18	卖	mài	sell
19	贵	guì	expensive
20	便宜	piányi	cheap, inexpensive
21	行	xíng	okay

关键句 Key Sentences 🎧 03-06

1
Zhè jiàn máoyī tài xiǎo le, yǒu dà yìdiǎnr de ma?
这 件 毛衣 太 小 了，有 大 一点儿 的 吗？
This sweater is too small. Is there a bigger one?

2
Tài guì le! Piányi diǎnr, xíng ma?
太 贵 了！便宜 点儿，行 吗？
That's too expensive. Could it be a little cheaper?

课文 Text 🎧 03-07

Zhēnnī:　Nà jiàn máoyī yǒu hóngsè de ma?
珍妮：那件 毛衣 有 红色 的③ 吗？

Màijiā:　Méiyǒu. Yǒu hēisè de.
卖家：没有。有 黑色 的。

Zhēnnī:　Wǒ shìshi. ... Zhè jiàn tài xiǎo le, yǒu dà yìdiǎnr de ma?
珍妮：我 试试④。……这 件 太 小 了，有 大 一点儿 的 吗？

Màijiā： Yǒu. Nǐ shìshi zhè jiàn.
卖家： 有。你 试试 这件。

Zhēnnī： Zhè jiàn hěn héshì, zěnme mài?
珍妮： 这 件 很 合适，怎么 卖？

Màijiā： Liǎngbǎi bā.
卖家： 两百 八。

Zhēnnī： Tài guì le！ Piányi diǎnr, xíng ma?
珍妮： 太 贵 了！便宜 点儿，行 吗？

Màijiā： Liǎngbǎi èr.
卖家： 两百 二。

Jenny:	Is there a red one?
Seller:	No. There is a black one.
Jenny:	I'll try it on. ... This sweater is too small. Is there a bigger one?
Seller:	Please try this one.
Jenny:	This one fits me very well. How much does the sweater cost?
Seller:	Two hundred and eighty *yuan*.
Jenny:	That's too expensive. Could it be a little cheaper?
Seller:	Two hundred and twenty *yuan*.

注释 Notes

③ 的（de）：In Chinese, a noun, a verb, an adjective, a pronoun and some phrases plus the structural particle "的（de）" can form a "的（de）structure". A "的（de）structure" functions grammatically as a noun, and it should be used when the context is clear.

④ 试试（shìshi）：In Chinese, some verbs can be reduplicated to make a sentence sound soft or informal, to indicate that the action is of very short duration, or to reply that what is done is just for the purpose of trial.

1 替换练习。Substitution.

1

A： Nà jiàn máoyī zěnme mài?
那 件 毛衣 怎么 卖？

B： Liǎngbǎi bā.
两百 八。

¥ 280.00 元

¥ 80.00 元

chènshān
衬衫 shirt

jiàn
件

¥ 358.00 元

qúnzi
裙子 skirt

tiáo
条 *a measure word* (used for skirts, pants, etc.)

¥ 399.00 元

píxié
皮鞋 leather shoes

shuāng
双 a pair of; *a measure word* (used for shoes)

2

A： Yǒu hóngsè de ma?
有 红色 的 吗？

B： Méiyǒu, yǒu lánsè de.
没有， 有 蓝色 的。

1

huīsè
灰色 grey
lánsè
蓝色 blue

2

hēisè
黑色
báisè
白色 white

3

huángsè
黄色 yellow
hóngsè
红色

3

Zhè jiàn máoyī tài xiǎo le,
A：这 件 毛衣 太 小 了，
yǒu dà yìdiǎnr de ma?
有 大 一点儿 的 吗？

Yǒu. Nǐ shìshi zhè jiàn.
B：有。你 试试 这 件。

1

cháng   duǎn
长   短

long   short

¥128.00 元   ¥128.00 元

kùzi
裤子   tiáo
               条

pants

2

féi   shòu
肥   瘦

loose   tight

¥880.00 元   ¥880.00 元

xīfú   tào
西服   套 a set of; *a measure word*

suit

2   说一说。Let's talk.

假如你参加如下活动，你会穿什么样的衣服去？

What will you wear if you attend the following activities?

1 朋友的生日晚会。

A friend's birthday party.

2 公司的新年晚会 / 庆祝活动。

Your company's New Year's party or other celebration.

3 周末和家人爬长城。

A trip to the Great Wall with your family during the weekend.

Wǒ chuān
我 穿   .
                              。
wear

T xù
T恤 T-shirt

chènshān
衬衫

máoyī
毛衣

niúzǎikù
牛仔裤 jeans

qúnzi
裙子

xīfú
西服

píxié
皮鞋

yùndòngxié
运动鞋 sneakers

综合练习 Comprehensive Exercises

1 听录音跟读。Listen and read. 🎧 03-08

píngguǒ
苹果

bīngpí
冰啤

duōshao
多少

tài xiǎo
太 小

cǎoméi
草莓

zǎo huí
早 回

tài guì le
太 贵 了

tài kuī le
太 亏 了

2 读一读，然后连线。Read and match.

1 Nǐ mǎi shénme?
你买 什么？

Píngguǒ duōshao qián yì jīn?
2 苹果 多少 钱一斤？

Máoyī zěnme mài?
3 毛衣 怎么 卖？

Nǐ mǎi duōshao?
4 你买 多少？

Yígòng duōshao qián?
5 一共 多少 钱？

a. Yígòng sānshíbā kuài wǔ.
一共 三十八 块 五。

b. Wǒ mǎi sān jīn.
我买 三 斤。

c. Wǒ mǎi cǎoméi.
我买 草莓。

d. Liù kuài wǔ yì jīn.
六块 五 一斤。

e. Liǎngbǎi bā yí jiàn.
两百 八 一件。

3 角色扮演：两人一组，一个人扮演卖家，另一个人扮演顾客。顾客要询问商品价格，试穿衣服，直到合适为止，并讨价还价。Role-play: Play in pairs. One performs as a seller, the other one performs as a customer. The customer should ask the price for each item. The buyer keeps trying different sizes until she/he finds the one that fits and negotiates the price.

拓展 Extension

1 汉字。Characters.

shōu yín tái

收 银 台

cashier

bā zhé

八 折

20% off

2 你知道吗？Do you know?

很多中国人对数字有特别的偏好，一般不喜欢"4"，因为"4"的发音和"死"相近，很喜欢"8"，因为"8"的发音和"发"相近，不过现在也有很多人不在乎。

Many Chinese people have preferences about numbers. They usually do not like the number "4", as the pronunciation of "4（sì）" in Chinese is similar to the pronunciation of the word "死（sǐ）", which means "death". They associate number "8" with good fortune, because the pronunciation of "8（bā）" in Chinese is similar to the pronunciation of "发（fā）" which means "to get rich". However, nowadays many people do not care too much about the implications of these numbers.

3 补充词语。Supplementary words.

面包	miànbāo	bread
可乐	kělè	cola
啤酒	píjiǔ	beer
牛奶	niúnǎi	milk

橙子	chéngzi	orange
葡萄	pútao	grape
荔枝	lìzhī	lychee
黄瓜	huángguā	cucumber
西红柿	xīhóngshì	tomato
土豆	tǔdòu	potato
胡萝卜	húluóbo	carrot

衬衫	chènshān	shirt
裙子	qúnzi	skirt
皮鞋	píxié	leather shoes
裤子	kùzi	pants
西服	xīfú	suit
T 恤	T xù	T-shirt
牛仔裤	niúzǎikù	jeans
运动鞋	yùndòngxié	sneakers

瓶	píng	bottle; *a measure word*
条	tiáo	*a measure word* (used for skirts, pants, etc.)
双	shuāng	a pair of; *a measure word* (used for shoes)
套	tào	a set of; *a measure word*

灰（色）	huī (sè)	grey
蓝（色）	lán (sè)	blue
白（色）	bái (sè)	white
黄（色）	huáng (sè)	yellow

长	cháng	long
短	duǎn	short
肥	féi	loose
瘦	shòu	tight

Yào yí ge gōngbǎojīdīng.

要 一个 宫保鸡丁。

I'd like to order a kung pao chicken.

学习目标 Objectives

1. 学会点菜　Learn to order food
2. 学会点菜时提要求　Learn to make requests when ordering food
3. 学会结账　Learn to pay the bill

热身 Warm-up 🎧 04-01

miàntiáo
面条
noodles

jī
鸡
chicken

tāng
汤
soup

chá
茶
tea

kǎoyā
烤鸭
roast duck

mǐfàn
米饭
(cooked) rice

yú
鱼
fish

jiǎozi
饺子
dumplings

yābǐng
鸭饼
duck cake

词语 Words and Phrases 🎧 04-02

1	服务员	fúwùyuán	waiter, waitress
2	菜单	càidān	menu
3	请	qǐng	please
4	点	diǎn	order
5	菜	cài	dish
6	宫保鸡丁	gōngbǎojīdīng	kung pao chicken (stir-fried diced chicken with peanut kernels)
7	酸辣汤	suānlàtāng	hot and sour soup
8	还	hái	still, also
9	别的	biéde	other
10	再	zài	more, again
11	碗	wǎn	a bowl of (*a measure word*)
12	米饭	mǐfàn	(cooked) rice
13	喝	hē	drink
14	壶	hú	a pot of (*a measure word*)
15	花茶	huāchá	scented tea

关键句 Key Sentences 🎧 04-03

Yào yí ge gōngbǎojīdīng.

1 要 一 个 宫保鸡丁。 I'd like to order a kung pao chicken.

Hái yào biéde ma?

2 还 要 别的 吗？ Anything else?

Zài yào yì wǎn mǐfàn.

3 再 要 一 碗 米饭。 Also a bowl of rice.

要一个宫保鸡丁。
I'd like to order a kung pao chicken.

Lesson 4

课文 Text 🎧 04-04

Fúwùyuán: Zhè shì càidān, qǐng diǎn cài.
服务员： 这 是 菜单， 请 点 菜。

Mǎdīng: Yào yí ge gōngbǎojīdīng, yí ge suānlàtāng.
马丁： 要 一个 宫保鸡丁， 一个 酸辣汤。

Fúwùyuán: Hái yào biéde ma?
服务员： 还 要 别的 吗？

Mǎdīng: Zài yào yì wǎn mǐfàn.
马丁： 再 要 一 碗 米饭。

Fúwùyuán: Nín hē shénme?
服务员： 您 喝 什么？

Mǎdīng: Yào yì hú huāchá.
马丁： 要 一壶 花茶。

Waitress:	Here is the menu. Please order.
Martin:	I'd like to order a kung pao chicken, and a hot and sour soup.
Waitress:	Anything else?
Martin:	Also a bowl of rice.
Waitress:	What would you like to drink?
Martin:	A pot of scented tea.

1 替换练习。Substitution.

> Wǒ yào yí ge gōngbǎojīdīng, zài yào yí ge suānlàtāng.
> 我 要 一个 宫保鸡丁 ，再 要 一个 酸辣汤 。

tángcùyú	mápódòufu	kǎoyā	xīhóngshì chǎo jīdàn
糖醋鱼	麻婆豆腐	烤鸭	西红柿 炒 鸡蛋
sweet and sour fish	mapo tofu		crambled eggs with tomato

2 读一读下面的词组并把它们跟对应的图片连线。**Read the following phrases and match them with the corresponding pictures.**

yì wǎn mǐfàn　　yì hú huāchá　　yì pán xīhóngshì　　yì zhī kǎoyā
一 碗 米饭　　一 壶 花茶　　一 盘 西红柿　　一 只 烤鸭
　　　　　　　　　　　　　chǎo jīdàn
　　　　　　　　　　　　　炒 鸡蛋

> **小词库 Word box**
>
> | pán | zhī |
> |---|---|
> | 盘 | 只 |
> | a plate of; *a measure word* | *a measure word* (used for certain animals) |

3 看菜单完成对话。**Complete the dialogues according to the menu.**

càidān
菜单

gōngbǎojīdīng
宫保鸡丁 ·········· ￥ 35

mápódòufu
麻婆豆腐········· ￥ 18

xīhóngshì chǎo jīdàn
西红柿 炒 鸡蛋······· ￥ 20

hóngshāo qiézi
红烧 茄子·········· ￥ 20
eggplant in red sauce

suānlàtāng
酸辣汤 ········· ￥ 15

sānxiāntāng
三鲜汤 ·········· ￥ 16
three delicacies soup

jīdàntāng
鸡蛋汤·········· ￥ 16
egg-drop soup

mǐfàn
米饭 ················ ￥ 3

miàntiáo
面条 ··········· ￥ 10

chǎomǐfàn
炒米饭 ·········· ￥ 15
fried rice

jiǎozi
饺子················ ￥ 12

píjiǔ
啤酒················ ￥ 5
beer

kělè
可乐················ ￥ 3

chéngzhī
橙汁 ·············· ￥ 5
orange juice

huāchá
花茶 ············· ￥ 30

Zhè shì càidān, qǐng diǎn cài.
A： 这是菜单，请 点菜。

Yào   ,   , zài yào   .
B： 要 _____, _____, 再要 _____。

Nín hē shénme?
A： 您喝 什么？

Yào   .
B： 要 _____。

词语 Words and Phrases 🎧 04-05

1	忌口	jìkǒu	avoid certain food
2	别	bié	don't (used in imperative sentences)
3	放	fàng	put
4	味精	wèijīng	monosodium glutamate (MSG)
5	张	zhāng	*a measure word* (used for sheets of paper, tables, beds, etc.)
6	餐巾纸	cānjīnzhǐ	napkin
7	没	méi	didn't, haven't
8	上（菜）	shàng (cài)	serve (dishes)
9	能	néng	can
10	快	kuài	fast
11	看	kàn	have a look
12	买单	mǎidān	pay the bill
13	打包	dǎbāo	take leftovers away

关键句 Key Sentences 🎧 04-06

Bié fàng wèijīng.
1 别 放 味精。 Please don't put any MSG.

Qǐng gěi wǒ yì zhāng cānjīnzhǐ.
2 请 给 我 一 张 餐巾纸。 Please give me a piece of a napkin.

Zhège cài dǎbāo.
3 这个 菜 打包。 I'd like to take this dish to go.

课文 Text 🎧 04-07

（Jenny has finished ordering food.）

Fúwùyuán：　Yǒu jìkǒu ma?
服务员　：　有 忌口 吗？

Zhēnnī：　Bié fàng wèijīng.
珍妮　：　别 放 味精。

Fúwùyuán：　Hǎode.
服务员　：　好的。

Zhēnnī：　Qǐng gěi wǒ yì zhāng
珍妮　：　请 给我一 张
　　　　　cānjīnzhǐ.
　　　　　餐巾纸。

Fúwùyuán：　Hǎo. Gěi nín.
服务员　：　好。给 您。

（Half an hour later.）

Zhēnnī：　Fúwùyuán, wǒ de cài hái méi shàng, néng kuài diǎnr ma?
珍妮　：　服务员， 我 的 菜 还 没① 上， 能 快 点儿 吗②？

Fúwùyuán：　Wǒ qù kànkan.
服务员　：　我 去 看看。

（Jenny has finished having the meal.）

Zhēnnī：　Fúwùyuán, mǎidān.
珍妮　：　服务员 ，买单。

Fúwùyuán：　Yígòng wǔshíliù kuài.
服务员　：　一共 **56** 块。

Zhēnnī：　Zhège cài dǎbāo.
珍妮　：　这个 菜 打包。

Fúwùyuán：　Hǎode.
服务员　：　好的。

注释 Notes

① 没（méi）: It is the negative form of "有（yǒu）", and it means "not to have (something)". It can also be used before predicate to negate an action or a state which have occurred in the past. The latter usage appears in this dialogue.

② 能……吗（néng...ma）: It is used to indicate a request.

（Jenny has finished ordering food.）
Waiter:　Are you on a special diet?
Jenny:　Please don't put any MSG.
Waiter:　OK.
Jenny:　Please give me a piece of napkin.
Waiter:　OK, here you are.
（Half an hour later.）
Jenny:　Sir, my dishes haven't been served yet. Could you make it a little faster?
Waiter:　I'll go to have a look.
（Jenny has finished having the meal.）
Jenny:　Miss, the bill, please.
Waiter:　It's 56 *yuan* in total.
Jenny:　I'd like to take this dish to go.
Waiter:　OK.

1 把下面的句子放在合适的图片下。Put these sentences under the appropriate pictures.

Qǐng gěi wǒ yì zhāng cānjīnzhǐ.
① 请 给 我 一 张 餐巾纸。

Mǎidān.
② 买单。

Dǎbāo.
③ 打包。

Bié fàng wèijīng.
④ 别 放 味精。

2 替换练习。Substitution.

Qǐng gěi wǒ yì zhāng cānjīnzhǐ.
请 给 我 一 张 餐巾纸。

bǎ
把 *a measure word* (used for objects with handles)

chāzi
叉子
fork

gè
个
pánzi
盘子
plate

gè
个
wǎn
碗

要一个宫保鸡丁。
I'd like to order a kung pao chicken.

Lesson 4

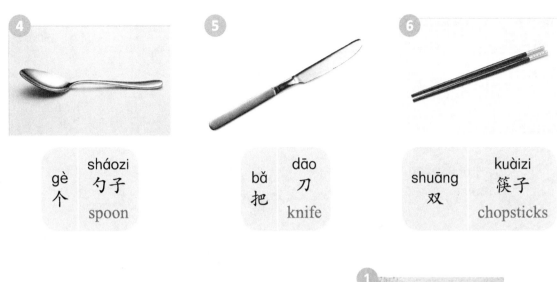

④
gè shǎozi
个 勺子
spoon

⑤
bǎ dāo
把 刀
knife

⑥
shuāng kuàizi
双 筷子
chopsticks

②
Bié fàng wèijīng.
别 放 味精。

①
làjiāo
辣椒
chili

②
xiāngcài
香菜
cilantro

③
cōng
葱
green onion

④
jiāng
姜
ginger

⑤
suàn
蒜
garlic

3 说一说。Let's talk.

假如你在饭馆有如下要求，你会怎么说？

What will you say if you have the following requests in a restaurant?

① 在饭馆，你想让服务员快点儿上菜。

You want the waiter/waitress to make your order come faster.

② 你想让服务员再给你一双筷子。

You want the waiter/waitress to give you another pair of chopsticks.

49

1 听录音跟读。Listen and read. 🎧 04-08

yì shuāng kuàizi
一 双 筷子

yì zhāng cānjīnzhǐ
一 张 餐巾纸

yì wǎn mǐfàn
一 碗 米饭

yì bǎ dāo
一 把 刀

yì pán chǎomiàn
一 盘 炒面

yì hú chá
一 壶 茶

yì ge gōngbǎojīdīng
一 个 宫保鸡丁

yígòng duōshao qián
一共 多少 钱

2 听录音，判断对错。Listen and decide true or false. 🎧 04-09

Tā yào miàntiáo.
① 她 要 面条。

Tā yào yì zhāng cānjīnzhǐ.
② 她 要 一 张 餐巾纸。

Tā bú yào gōngbǎojīdīng.
③ 他 不 要 宫保鸡丁。

Tā yào yì bēi huāchá.
④ 他 要 一 杯 花茶。

Tā bú yào wèijīng.
⑤ 他 不 要 味精。

小词库 Word box

tā
她
she, her

tā
他
he, him

3 角色扮演：两人一组，一个人扮演顾客，点菜、提出要求并结账，另一个人扮演服务员。表演一次后互换角色。Role-play: Play in pairs. One of you performs as the customer to order food, make requests and pay the bill, the other one performs the waiter/waitress. Once finish the performance please exchange your roles.

要一个宫保鸡丁。
I'd like to order a kung pao chicken.

Lesson 4

拓展 Extension

1 汉字。Characters.

cài dān

菜 单

menu

Quán jù dé

全 聚 德

a Chinese restaurant famous for
Beijing roast duck

2 你知道吗？Do you know?

中国八大菜系：山东菜、四川菜、广东菜、江苏菜、浙江菜、福建菜、湖南菜、安徽菜。

The eight major cuisines of China: Shandong cuisine, Sichuan cuisine, Guangdong cuisine, Jiangsu cuisine, Zhejiang cuisine, Fujian cuisine, Hunan cuisine and Anhui cuisine.

3 补充词语。Supplementary words.

面条	miàntiáo	noodles	饺子	jiǎozi	dumplings
鸡	jī	chicken	鸭饼	yābǐng	duck cake
汤	tāng	soup	鱼	yú	fish
茶	chá	tea	烤鸭	kǎoyā	roast duck

糖醋鱼	tángcùyú	sweet and sour fish
麻婆豆腐	mápó dòufu	mapo tofu (a spicy tofu dish)
西红柿炒鸡蛋	xīhóngshì chǎo jīdàn	crambled eggs with tomato
主食	zhǔshí	staple food
热菜	rècài	hot dishes
红烧茄子	hóngshāo qiézi	eggplant in red sauce
炒米饭	chǎo mǐfàn	fried rice
三鲜汤	sānxiāntāng	three delicacies soup
鸡蛋汤	jīdàntāng	egg-drop soup
饮料	yǐnliào	beverage
啤酒	píjiǔ	beer
橙汁	chéngzhī	orange juice

盘	pán	a plate of; *a measure word*
把	bǎ	*a measure word* (used for objects with handles)

辣椒	làjiāo	chili
香菜	xiāngcài	cilantro
葱	cōng	green onion
姜	jiāng	ginger
蒜	suàn	garlic

叉子	chāzi	fork
勺子	sháozi	spoon
刀	dāo	knife
盘子	pánzi	plate
筷子	kuàizi	chopsticks

她	tā	she, her
他	tā	he, him

Nǐ gēge zài nǎr gōngzuò?
你 哥哥 在 哪儿 工作?
Where does your elder brother work?

学习目标 Objectives

1. 学会询问家庭情况　Learn to talk about family
2. 学会询问职业和工作地点　Learn to talk about occupation and workplace
3. 学会询问年龄　Learn to ask age

热身 Warm-up　🎧 05-01

gēge
哥哥
elder brother

dìdi
弟弟
younger brother

jiějie
姐姐
elder sister

zhàngfu
丈夫
husband

fùqin
父亲
father

mèimei
妹妹
younger sister

qīzi
妻子
wife

mǔqin
母亲
mother

词语 Words and Phrases 🎧 05-02

1	口	kǒu	*a measure word* (used of family members)
2	爸爸	bàba	father
3	妈妈	māma	mother
4	哥哥	gēge	elder brother
5	和	hé	and, with
6	在	zài	exist; be, at, in or on a place
7	哪儿	nǎr	where
8	工作	gōngzuò	work, job
9	他	tā	he, him
10	学校	xuéxiào	school
11	做	zuò	to do
12	老师	lǎoshī	teacher

关键句 Key Sentences 🎧 05-03

1 Nǐ jiā yǒu jǐ kǒu rén?
你家有几口人？ How many people are there in your family?

2 Nǐ jiā yǒu shénme rén?
你家有 什么 人？ Who are your family members?

3 Nǐ zài nǎr gōngzuò?
你在哪儿 工作？ Where do you work?

4 Tā zài xuéxiào gōngzuò.
他在 学校 工作。 He works at a school.

5 Nǐ zuò shénme gōngzuò?
你做 什么 工作？ What do you do?

6 Tā shì lǎoshī.
他是 老师。 He is a teacher.

课文 Text 🎧 05-04

Zhāng Huá:	Mǎdīng, nǐ jiā yǒu jǐ kǒu rén?	
张 华:	马丁,你家有几口人?	
Mǎdīng:	Wǒ jiā yǒu sì kǒu rén.	
马丁:	我家有四口人。	
Zhāng Huá:	Nǐ jiā yǒu shénme rén?	
张 华:	你家有什么人?	
Mǎdīng:	Bàba, māma, gēge hé wǒ.	
马丁:	爸爸、妈妈,哥哥和我。	

Zhāng Huá: Nǐ gēge zài nǎr gōngzuò?
张 华: 你哥哥在哪儿工作?

Mǎdīng: Tā zài xuéxiào gōngzuò.
马丁: 他在学校工作。

Zhāng Huá: Tā zuò shénme gōngzuò?
张 华: 他做什么工作?

Mǎdīng: Tā shì lǎoshī.
马丁: 他是老师。

Zhang Hua:	Martin, how many people are there in your family?
Martin:	There are four people in my family.
Zhang Hua:	Who are your family members?
Martin:	My father, mother, elder brother and me.
Zhang Hua:	Where does your elder brother work?
Martin:	He works at a school.
Zhang Hua:	What does your elder brother do?
Martin:	He is a teacher.

1 看图完成对话。Complete the dialogues according to the pictures.

Nǐ jiā yǒu jǐ kǒu rén?
A：你 家 有 几 口 人？

B：＿＿＿＿＿＿＿＿＿＿。

Nǐ jiā yǒu shénme rén?
A：你 家 有 什么 人？

B：＿＿＿＿＿＿＿＿＿＿。

小词库 Word box

yéye 爷爷 grandfather, paternal father	nǎinai 奶奶 grandmother, paternal mother

2 连词成句。Put the words in the right order to make sentences.

wǒ   dàshǐguǎn   gōngzuò   zài
① 我   大使馆   工作   在

xuéxiào   zài   tā   gōngzuò
② 学校   在   他   工作

小词库 Word box

dàshǐguǎn
大使馆
embassy

nǐ   zài   gēge   nǎr   gōngzuò
③ 你   在   哥哥   哪儿   工作

shénme   zuò   nǐ   gōngzuò
④ 什么   做   你   工作

3 模仿例子改写句子。Rewrite the sentences according to the model.

例 Wǒ yǒu yí ge gēge
我 有 一 个 哥哥。   ⇒   Wǒ méiyǒu gēge.
我 没有 哥哥。

1 Tā yǒu liǎng ge jiějie.
他 有 两 个 姐姐。   ⇒   ....

2 Māma yǒu yí ge dìdi.
妈妈 有 一 个 弟弟。   ⇒   ....

3 Tāmen yǒu càidān.
他们 有 菜单。   ⇒   ....

4 Wǒ yǒu hěn duō píngguǒ.
我 有 很 多 苹果。   ⇒   ....

5 Lìli yǒu hóngsè de máoyī.
丽丽 有 红色 的 毛衣。   ⇒   ....

4 学词语，然后模仿例子造句。Learn words and make sentences according to the model.

1 跟读下面的词语。Read the following words.

zhíyè
职业
occupations

yīshēng
医生
doctor

hùshi
护士
nurse

gōngwùyuán
公务员
civil servant

zhíyuán
职员
office worker

sījī
司机
driver

mìshū
秘书
secretary

chúshī
厨师
cook, chef

bǎo'ān
保安
security guard

dìdiǎn
地点
places

fàndiàn
饭店
hotel

embassy

dàshǐguǎn
大使馆
embassy

yīyuàn
医院
hospital

yínháng
银行
bank

2 模仿造句。Make sentences according to the model.

> Tā zài yīyuàn gōngzuò, tā shì yīshēng.
> 她在 医院 工作， 她是 医生 。

第二部分 Part II

词语 Words and Phrases 🎧 05-05

1	他们	tāmen	they
2	谁	shéi	who, whom
3	姐姐	jiějie	elder sister
4	今年	jīnnián	this year
5	多大	duō dà	how old
6	岁	suì	year of age
7	漂亮	piàoliang	beautiful
8	帅	shuài	handsome

关键句 Key Sentences 🎧 05-06

Nǐ jīnnián duō dà?
1 你 今年 多 大 ? How old are you this year?

Wǒ jiějie jīnnián sānshí suì.

2 我 姐姐 今年 三十 岁。　My elder sister is 30 this year.

Nǐ jiějie hěn piàoliang.

3 你 姐姐 很 漂亮。　Your elder sister is very beautiful.

课文 Text　🎧 05-07

（Song Lili and Jenny are looking at Jenny's photo.）

Sòng Lìli :　Tāmen shì shéi?
宋 丽丽 :　他们 是 谁？

Zhēnnī :　Zhè shì wǒ jiějie.　Nà shì wǒ gēge.
珍妮 :　这 是 我 姐姐。那 是 我 哥哥。

Sòng Lìli :　Nǐ jiějie jīnnián duō dà?
宋 丽丽 :　你 姐姐 今年 多 大①？

Zhēnnī :　Wǒ jiějie jīnnián sānshí suì.
珍妮 :　我 姐姐 今年 三十 岁。

Sòng Lìli :　Nǐ jiějie hěn piàoliang,　nǐ gēge yě hěn shuài.
宋 丽丽 :　你 姐姐 很 漂亮，你 哥哥 也 很 帅。

(Song Lili and Jenny are looking at Jenny's photo.)

Song Lili:　Who are they?

Jenny:　This is my elder sister. That is my elder brother.

Song Lili:　How old is your elder brother?

Jenny:　My elder sister is 30 this year.

Song Lili:　Your elder sister is very beautiful, and your elder brother is very handsome as well.

① 多大（duō dà）: It is the way to ask the age of peers or people younger than us. "多大年纪（duō dà niánjì）" is usually used to ask the age of old people. "几岁（jǐ suì）" is usually used to ask the age of children.

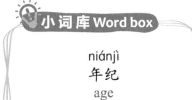

小词库 Word box

niánjì
年纪
age

练习 Exercises

1 读一读，然后连线。Read and match.

1 Nǐ jīn nián jǐ suì?
你 今年 几 岁？

a. Wǒ jīnnián èrshí suì.
我 今年 20 岁。

2 Nín jīn nián duō dà niánjì?
您 今年 多 大 年纪？

b. Wǒ jīnnián qī suì.
我 今年 7 岁。

3 Nǐ jīn nián duō dà?
你 今年 多 大？

c. Wǒ jīnnián bāshí suì.
我 今年 80 岁。

2 问与答。Ask and answer.

Nǐ yǒu jiějie ma?
你 有 姐姐 吗？

▶

Wǒ méiyou gēge.
我 没有 哥哥。

Nǐ yǒu jǐ ge dìdi?
你 有 几个 弟弟？

▶

Wǒ yǒu liǎng ge mèimei.
我 有 两个 妹妹。

3 学词语，然后用这些词语完成句子。Learn words and complete the sentences with these words for each pictures.

pàng 胖 fat	shòu 瘦	gāo 高 tall, high
ǎi 矮 short	kě'ài 可爱 cute, lovely	cōngming 聪明 clever, intelligent

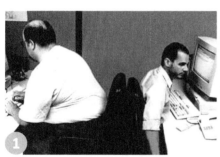  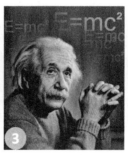 

Tā Tā hěn _____.
他／她 很 _____。

综合练习 Comprehensive Exercises

1 听录音跟读。Listen and read. 🎧 05-08

yéye 爷爷	nǎinai 奶奶	bàba 爸爸	māma 妈妈
gēge 哥哥	dìdi 弟弟	jiějie 姐姐	mèimei 妹妹

Mǎdīng yǒu yí ge gēge hé yí ge mèimei.
1 a. 马丁 有 一 个 哥哥 和 一 个 妹妹。

Mǎdīng yǒu yí ge jiějie hé yí ge dìdi.
b. 马丁 有 一 个 姐姐 和 一 个 弟弟。

Mǎdīng yǒu yí ge jiějie hé yí ge mèimei.
c. 马丁 有 一 个 姐姐 和 一 个 妹妹。

Xiǎomíng jīnnián sān suì.
2 a. 小明 今年 3 岁。

Xiǎomíng jīnnián liù suì.
b. 小明 今年 6 岁。

Xiǎomíng de mèimei jīnnián liù suì.
c. 小明 的 妹妹 今年 6 岁。

3 成段表达：根据下面的问题说说你的家庭。Presentation: Talk about your family according to the following questions.

Nǐ jiā yǒu jǐ kǒu rén?
1 你 家 有 几 口 人？

Nǐ jiā yǒu shénme rén?
2 你 家 有 什么 人？

Tāmen duō dà?
3 他们 多 大？

Tāmen zài nǎr gōngzuò?
4 他们 在 哪儿 工作？

Tāmen zuò shénme gōngzuò?
5 他们 做 什么 工作？

拓展 Extension

1 汉字。Characters.

Běi jīng Dà xué
北　京　大　学
Peking University

Zhōng guó Yín háng
中　国　银　行
Bank of China

2 你知道吗？ Do you know?

> 对中国人来说，家庭情况和年龄虽然是隐私，但是朋友间可以询问。
>
> Chinese people will not be offended when asked questions about their family or age, if the conversation is among the friends.

3 补充词语。Supplementary words.

丈夫	zhàngfu	husband	弟弟	dìdi	younger brother
父亲	fùqin	father	妹妹	mèimei	younger sister
妻子	qīzi	wife	爷爷	yéye	grandfather; paternal father
母亲	mǔqin	mother	奶奶	nǎinai	grandmother; paternal mother

职业	zhíyè	occupations
医生	yīshēng	doctor
护士	hùshi	nurse
公务员	gōngwùyuán	civil servant
职员	zhíyuán	office worker
司机	sījī	driver
秘书	mìshū	secretary
厨师	chúshī	cook, chef
保安	bǎo'ān	security guard

地点	dìdiǎn	places
大使馆	dàshǐguǎn	embassy
饭店	fàndiàn	hotel
医院	yīyuàn	hospital
银行	yínháng	bank

| 年纪 | niánjì | age |

胖	pàng	fat
高	gāo	tall, high
矮	ǎi	short
可爱	kě'ài	cute, lovely
聪明	cōngming	clever, intelligent

Zhēnnī zài ma?
珍妮 在 吗?
Is Jenny in?

学习目标 Objectives

学会打电话的常用语　Learn to make and answer phone calls

热身 Warm-up 🎧 06-01

fā diànzǐ yóujiàn
发 电子 邮件
send an e-mail

shàngwǎng
上网
surf the Internet

dǎ diànhuà
打 电话
make a
phone call

fā duǎnxìn
发 短信
send a text
message

kàn shǒujī
看 手机
look at the
mobile phone

词语 Words and Phrases 🎧 06-02

1	喂	wèi	hello (typically used for answering a phone call)
2	找	zhǎo	look for
3	稍等	shāo děng	wait a moment
4	就	jiù	just, exactly
5	打	dǎ	make (a phone call); play
6	错	cuò	wrong

关键句 Key Sentences 🎧 06-03

Nín zhǎo shéi?

1 您 找 谁？ Whom do you want to speak to?

Qǐng shāo děng.

2 请 稍 等。 Wait a moment, please.

Mǎdīng zài bu zài?

3 马丁 在 不 在？ Is Martin in?

Wǒ jiù shì.

4 我 就 是。 Speaking.

Nǐ dǎ cuò le.

5 你 打 错 了。 You have called the wrong number.

课文 Text　🎧 06-04

Wèi?　Nǐ hǎo!
A：喂？你好！

Wèi!　Nín zhǎo shéi?
B：喂！您找谁？

Wǒ zhǎo Mǎdīng.　Tā zài ma?
A：我找马丁。他在吗？

Zài,　qǐng shāo děng.
B：在，请稍等。

Mǎdīng zài bu zài?
A：马丁 在不在①？

Wǒ jiù　shì.
M：我就②是。

Shì Wáng xiānsheng ma?
A：是王先生吗？

Nǐ dǎ cuò le.
C：你打错了。

A：Hello?

B：Hello! Whom do you want to speak to?

A：Martin, please. Is he in?

B：Yes, wait a moment, please.

A：Is Martin in?

M：Speaking.

A：Is this Mr. Wang?

C：You have called the wrong number.

① 在不在（zài bu zài）: The affirmative and negative form of a verb or an adjective in Chinese can be used to make an affirmative–negative question which grammatically functions as a general question, but without "吗（ma）" at the end of the sentence.

② 就（jiù）: Here it stresses that the person answering the phone is, exactly the person whom the caller wishes to speak to.

练习 Exercises

1 读一读，然后连线。Read and match.

1
Nǐ zhǎo shéi?
你 找 谁?

a.
Wǒ jiù shì.
我 就 是。

2
Sòng Lìli zài ma?
宋 丽丽 在 吗?

b.
Wǒ zhǎo Zhēnnī.
我 找 珍妮。

3
Shì Zhāng Huá ma?
是 张 华 吗?

c.
Nǐ dǎ cuò le.
你 打 错 了。

2 模仿例子改写句子。Rewrite the sentences according to the model.

例
Mǎdīng zài ma?
马丁 在 吗?
⇒
Mǎdīng zài bu zài?
马丁 在 不 在?

1
Tā shì Zhāng Huá ma?
他 是 张 华 吗? ⇒ ....

2
Zhè jiàn máoyī xiǎo ma?
这 件 毛衣 小 吗? ⇒ ....

3
Píngguǒ guì ma?
苹果 贵 吗? ⇒ ....

3 替换练习。Substitution.

> Mǎdīng zài bu zài?
> 马丁 在不在？

①

chī kǎoyā
吃 烤鸭

②

qù Chángchéng
去 长城
the Great Wall

③

mǎi shǒujī
买 手机
mobile phone

第二部分 Part II

词语 Words and Phrases 🎧 06-05

1	请问	qǐngwèn	excuse me, may I ask...
2	阿姨	āyí	maid, aunt
3	她	tā	she, her

4	商店	shāngdiàn	shop, store
5	位	wèi	*a measure word* (used for people)
6	朋友	péngyou	friend
7	让	ràng	let, ask ... to ...
8	给	gěi	to, for
9	电话	diànhuà	telephone, call
10	手机	shǒujī	mobile phone

关键句 Key Sentences 🎧 06-06

Tā qù shāngdiàn le.
1 她去 商店 了。 She's gone shopping.

Wǒ shì tā de péngyou Zhāng Huá, qǐng ràng tā gěi wǒ huí diànhuà.
2 我是她的 朋友 张 华，请 让 她给我 回电话。
This is her friend Zhang Hua. Please ask her to call me back.

课文 Text 🎧 06-07

（Jenny's friend is calling her, but she is not at home. Jenny's mum answers the phone.）

Péngyou： Wèi? Nǐ hǎo! Qǐngwèn, Zhēnnī zài ma?
朋友 ： 喂？你 好！ 请问， 珍妮 在 吗？

Āyí ： Tā qù shāngdiàn le. Nín nǎ wèi?
阿姨： 她去 商店 了③。您 哪 位？

70

Péngyou:	Wǒ shì tā de péngyou Zhāng Huá, qǐng ràng tā gěi wǒ
朋友：	我 是 她 的 朋友 张 华，请 让 她 给 我
	huí diànhuà.
	回 电话。

| Āyí: | Nín de shǒujī hào shì duōshao? |
| 阿姨： | 您 的 手机 号 是 多少？ |

| Péngyou: | Yāo sān bā líng yāo èr sān qī sì sì wǔ. |
| 朋友： | 13801237445④。 |

(Jenny's friend is calling her, but she is not at home. Jenny's mum answers the phone.)

Friend: Hello, excuse me, is Jenny in?

Maid: She's gone shopping. Who is speaking?

Friend: This is her friend Zhang Hua. Please ask her to call me back.

Maid: What's your mobile phone number?

Friend: 13801237445.

注释 Notes

③ 了（le）：In this sentence, "了（le）" indicates a change of situation, and the event referred to has already taken place. The negative form of these sentences takes "没（méi）" or "没有（méiyǒu）" before the verb and "了（le）" is omitted.

④ 1（yāo）：The number "1" should be pronounced "yāo" instead of "yī" when it is used in telephone numbers, room numbers, and car numbers, etc.

1 看图完成对话。Complete the dialogues according to the pictures.

A: _____ 在吗？ B: 她去 _____ 了。

  zài ma?   Tā qù   le.

①   ②   ③

| Xiǎo Wáng 小 王 | jīchǎng 机场 airport | Dàwèi 大卫 | yínháng 银行 bank | Mǎlì 玛丽 | bàngōngshì 办公室 office |

2 替换练习。Substution.

Qǐng ràng tā gěi wǒ huí diànhuà.
请 让 她给我回 电话。

①    ②    ③

fā yóujiàn   fā duǎnxìn   dǎ diànhuà
发 邮件   发 短信   打 电话

3　读句子，比较不同。Read and compare the sentences.

1 Tā qù shāngdiàn.
他 去 商店。

Tā qù shāngdiàn le.
他 去 商店 了。

2 Tā gěi māma dǎ diànhuà.
她 给 妈妈 打 电话。

Tā gěi māma dǎ diànhuà le.
她 给 妈妈 打 电话 了。

3 Nǐ diǎncài ma?
你 点菜 吗？

Nǐ diǎncàile ma?
你 点菜 了 吗？

4 Wǒ mǎi yì jīn píngguǒ.
我 买 一 斤 苹果。

Wǒ mǎile yì jīn píngguǒ.
我 买 了 一 斤 苹果。

5 Tā jīntiān qī diǎn huíjiā.
他 今天 七 点 回家。

Tā zuótiān qī diǎn huí jiā le.
他 昨天 七 点 回 家 了。

6 Wǒ yào yì hú huāchá.
我 要 一 壶 花茶。

Wǒ yàole yì hú huāchá.
我 要 了 一 壶 花茶。

综合练习 Comprehensive Exercises

1　听录音跟读。Listen and read. 🎧06-08

cuò le
错 了

zuò le
做 了

zhǎo shéi
找 谁

zhǎo shuǐ
找 水

qǐngwèn
请问

xīnwén
新闻

shǒujī
手机

xiūxi
休息

2 听录音，判断对错。Listen and decide true or false. 🎧 06-09

1
a. Mǎdīng gěi Zhēnnī dǎ diànhuà.
马丁 给 珍妮 打 电话。

b. Zhēnnī bú zài.
珍妮 不 在。

2
a. Zhēnnī gěi Sòng Lìli dǎ diànhuà, Sòng Lìli bú zài.
珍妮 给 宋 丽丽 打 电话，宋 丽丽 不 在。

b. Sòng Lìli de diànhuà shì liù wǔ sān èr sān liù liù wǔ.
宋 丽丽 的 电话 是 65323665。

3 根据提示用"了"完成句子，并说说昨天你做了什么。Complete the sentences with "了" according to the following information, and talk about what you did yesterday.

shàngwǔ shí diǎn　dǎ diànhuà
上午 十点 | 打 电话 ⇒ ....

zhōngwǔ shí'èr diǎn　qù fànguǎn
中午 十二 点 | 去 饭馆 ⇒ ....

xiàwǔ sān diǎn　qù shāngdiàn
下午 三 点 | 去 商店 ⇒ ....

wǎnshang liù diǎn　fā yóujiàn
晚上 六 点 | 发 邮件 ⇒ ....

小词库 Word box

fànguǎn
饭馆
restaurant

4 角色扮演：两人一组，给朋友的家里打电话：第一个电话你打错了，第二个电话是他（她）的妈妈接的。Role-play: Play in pairs to call your friend's home. On the first call you calls the wrong number, and your friend's mother answers the second call.

拓展 Extension

1 汉字。Characters.

wēi xìn

微 信

WeChat

wǎng bā

网 吧

Internet bar

2 你知道吗? **Do you know?**

1. 中国人打电话时如想询问对方是谁，常说"您哪位？"或"您哪儿？"而很少说"谁在说话？""谁在那儿？"或"你是谁？"

2. 询问对方的电话号码常说"您的电话是多少？"而不说"您的电话是什么？"

1. "Who's speaking?" in English should not be translated "Shéi zài shuōhuà?" or "Shéi zài nàr?" or "Nǐ shì shéi?", but "Nín nǎ wèi?" or "Nín nǎr?".

2. To ask for one's telephone number in Chinese, you should say "Nín de diànhuà shì duōshao?" instead of "Nín de diànhuà shì shénme?".

3 补充词语。Supplementary words.

发　　　fā　　　send

电子邮件　　diànzǐ yóujiàn　　　e-mail
上网　　　shàngwǎng　　　surf the Internet
短信　　　duǎnxìn　　　text message

长城　　　chángchéng　　　the Great Wall
机场　　　jīchǎng　　　airport
银行　　　yínháng　　　bank
办公室　　　bàngōngshì　　　office
饭馆　　　fànguǎn　　　restaurant

Yìzhí   zǒu.
一直 走。
Go straight ahead.

学习目标 Objectives

学会问路和指路的常用语   Learn to ask and give directions

热身 Warm-up 🎧 07-01

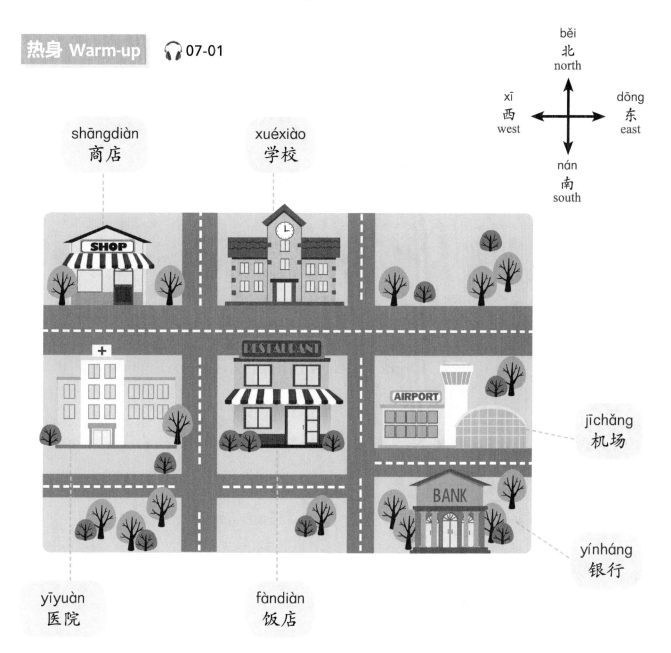

běi
北
north

xī
西
west

dōng
东
east

nán
南
south

shāngdiàn
商店

xuéxiào
学校

jīchǎng
机场

yínháng
银行

yīyuàn
医院

fàndiàn
饭店

词语 Words and Phrases 🎧 07-02

1	司机	sījī	driver
2	知道	zhīdào	know, understand
3	那儿	nàr	there
4	走	zǒu	walk, go, leave
5	一直	yìzhí	straight (ahead)
6	到	dào	arrive
7	红绿灯	hónglǜdēng	traffic light
8	往	wǎng	towards
9	右	yòu	right
10	拐	guǎi	turn, change direction
11	停	tíng	stop
12	这儿	zhèr	here
13	吧	ba	*a modal particle* (expressing a suggestion)
14	发票	fāpiào	invoice, receipt

专有名词 Proper Nouns

1	大众公司	Dàzhòng Gōngsī	Dazhong Company

关键句 Key Sentences 🎧 07-03

Nǐ zhīdào qù nàr zěnme zǒu ma?
1 你 知道 去 那儿 怎么 走 吗？ Do you know how to get there?

Yìzhí zǒu.
2 一直 走。 Go straight ahead.

Dào hónglǜdēng wǎng yòu guǎi.
3 到 红绿灯 往 右 拐。 Turn right at the traffic light.

课文 Text 🎧 07-04

Sījī :	Nín qù nǎr?	
司机：	您 去 哪儿？	

Zhēnnī :	Wǒ qù Dàzhòng Gōngsī.
珍妮：	我 去 大众 公司。

Sījī :	Nín zhīdào qù nàr zěnme zǒu ma?
司机：	您 知道 去 那儿 怎么 走 吗？

Zhēnnī :	Wǒ zhīdào. Yìzhí zǒu, dào
珍妮：	我 知道。一直 走，到
	hónglǜdēng wǎng yòu guǎi. ...
	红绿灯 往 右 拐。……
	Dào le, jiù tíng zhèr ba.
	到 了，就 停 这儿 吧①。
	Qǐng gěi wǒ fāpiào.
	请 给 我 发票。

Driver:	Where are you going?
Jenny:	I'm going to the Dazhong Company.
Driver:	Do you know how to get there?
Jenny:	Yes, I do. Go straight ahead, and then turn right at the traffic light. ...
	Here we are. Stop here please. Please give me the receipt.

注释 Notes

① 吧（ba）：It can be used at the end of a statement to express or make a suggestion.
This particle also softens the tone of the statement.

1 看图完成对话。Complete the dialogues according to the pictures.

Qù Dàzhòng Gōngsī zěnme zǒu?
A：去 大众 公司 怎么 走?

Wǎng yòu guǎi.
B：往 右拐。

wǎng zuǒ guǎi
往 左 拐

left

yìzhí zǒu
一直 走

nán
南

wǎng nán guǎi
往 南 拐

Yìzhí zǒu , ránhòu wǎng yòu guǎi.
一直 走，然后 往 右拐。

then

2

Qù nǐ jiā zěnme zǒu?
A：去 你家 怎么 走?

Dào hónglǜdēng wǎng zuǒ guǎi.
B：到 红绿灯 往 左 拐。

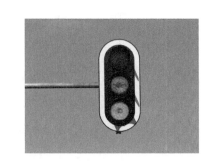

shízì lùkǒu
十字 路口
intersection

guòjiē tiānqiáo
过街 天桥
pedestrian overpass

rénxíng héngdào
人行　横道
crosswalk

lìjiāoqiáo
立交桥
interchange overpass

2 根据地图问路、指路。**Ask for and give directions according to the maps.**

Qǐngwèn, ... zěnme zǒu?
请问，……怎么 走?

yínháng
银行

fàndiàn
饭店

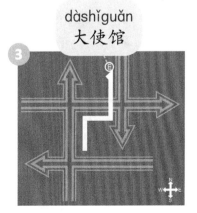

dàshǐguǎn
大使馆

81

词语 Words and Phrases 🎧07-05

1	每	měi	every
2	天	tiān	day
3	上班	shàngbān	go to work
4	着	zhe	*a particle*
5	离	lí	away from
6	公司	gōngsī	company
7	近	jìn	close, near
8	要	yào	need
9	分钟	fēnzhōng	minute
10	为什么	wèi shénme	why
11	开车	kāichē	drive (a car)
12	怕	pà	be afraid of, fear
13	堵车	dǔchē	traffic jam

关键句 Key Sentences 🎧07-06

Nǐ měi tiān zěnme qù shàngbān?

1 你 每 天 怎么 去 上班？　How do you go to work everyday?

Zǒuzhe qù.

2 走着 去。　I walk there.

Nǐ jiā lí gōngsī hěn jìn ma?

3 你 家 离 公司 很 近 吗？　Is your home close to your company?

课文 Text 🎧 07-07

Zhēnnī: Nǐ měi tiān zěnme qù shàngbān?
珍妮： 你 每 天 怎么 去 上班？

Sòng Lìli: Zǒuzhe qù.
宋 丽丽： 走着 去。

Zhēnnī: Nǐ jiā lí gōngsī hěn jìn ma?
珍妮： 你家离 公司 很 近 吗？

Sòng Lìli: Bú jìn. Zǒuzhe qù yào sānshí fēnzhōng.
宋 丽丽： 不近。 走着 去要 30 分钟。

Zhēnnī: Wèi shénme bù kāichē?
珍妮： 为 什么 不 开车？

Sòng Lìli: Wǒ pà dǔchē.
宋 丽丽： 我 怕 堵车。

Jenny: How do you go to work everyday?

Song Lili: I walk there.

Jenny: Is your home close to your company?

Song Lili: No. It takes 30 minutes to get there on foot.

Jenny: Why don't you drive your car?

Song Lili: I'm afraid of traffic jams.

1 看图完成对话。Complete the dialogues according to the pictures.

Nǐ měi tiān zěnme qù shàngbān?
A: 你 每 天 怎么 去 上班?

B: _____ 。

qí zìxíngchē
骑 自行车
ride a bike

zuò dìtiě
坐 地铁
take subway

kāichē
开车
drive

zuò chūzūchē
坐 出租车
take a taxi

2 替换练习。Substitution.

Nǐ jiā lí gōngsī yuǎn ma?
A: 你家离 公司 远 吗?

Bù yuǎn, kāichē qù yào èrshí fēnzhōng.
B: 不 远 , 开车 去要 20 分钟。

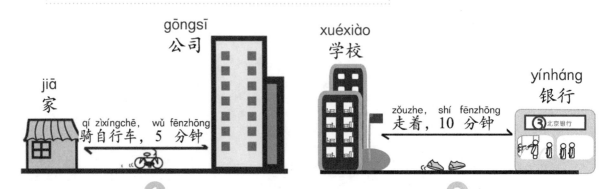

gōngsī
公司

xuéxiào
学校

yínháng
银行

jiā
家

qí zìxíngchē, wǔ fēnzhōng
骑自行车, 5 分钟

zǒuzhe, shí fēnzhōng
走着, 10 分钟

1

2

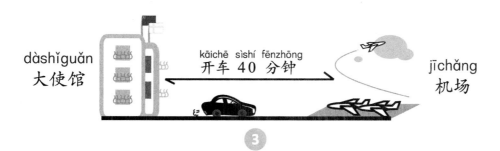

dàshǐguǎn
大使馆

kāichē sìshí fēnzhōng
开车 40 分钟

jīchǎng
机场

3

综合练习 Comprehensive Exercises

1 听录音跟读。Listen and read. 🎧 07-08

zěnme zǒu
怎么 走

zěnme zuò
怎么 做

shízǐ lù
石子 路

shísì lù
十四 路

ránhòu
然 后

yánhòu
延 后

qù nǎr
去 哪儿

qù nàr
去 那儿

2 读一读，然后连线。Read and match.

①
Qù Yīngguó Dàshǐguǎn zěnme zǒu?
去 英国 大使馆 怎么 走?

②
Nǐ zěnme qù shàngbān?
你 怎么 去 上班?

③
Dàole ma?
到了 吗?

④
Nǐ jiā lí gōngsī yuǎn ma?
你家离 公司 远 吗?

⑤
Kāichē qù yào duō cháng shíjiān?
开车 去要 多 长 时间?

Kāichē qù.
a. 开车 去。

Yìzhí zǒu, ránhòu wǎng
b. 一直 走，然后 往
zuǒ guǎi.
左 拐。

Bù yuǎn.
c. 不 远。

Shíwǔ fēnzhōng.
d. 十五 分钟。

Dàole, qǐng tíngchē.
e. 到了，请 停车。

3 听录音，选择正确答案。Listen and choose the correct answer. 🎧07-09

Qù Wángfǔjǐng zěnme zǒu?
1 去 王府井 怎么 走？

Dào hónglǜdēng wǎng zuǒ guǎi.
a. 到 红绿灯 往 左 拐。

Dào hónglǜdēng wǎng yòu guǎi.
b. 到 红绿灯 往 右 拐。

Dào hónglǜdēng yìzhí zǒu.
c. 到 红绿灯 一直 走。

Zhè ge rén zěnme huí jiā?
2 这 个 人 怎么 回家？

Kāichē huí jiā.
a. 开车 回 家。

Zǒuzhe huí jiā.
b. 走着 回 家。

Zuò chūzūchē huí jiā.
c. 坐 出租车 回 家。

4 角色扮演：两人一组。你和你的朋友想去天坛公园。坐出租车怕堵车，坐地铁不堵车，可是你们不知道怎么走，两人商量怎么去。Role-play: Play in pairs. You and your friend are discussing how to go to the Temple of Heaven. You concerned on getting into a traffic jam by taxi. You can take the subway there, and there will be no traffic jam. However, you are not sure which subway to take. The two of you discuss how to go there.

拓展 Extension

1 汉字。Characters.

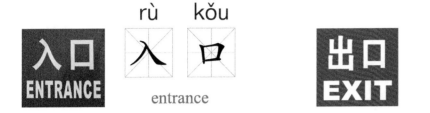

rù   kǒu
入   口

入口 ENTRANCE

entrance

chū   kǒu
出   口

出口 EXIT

exit

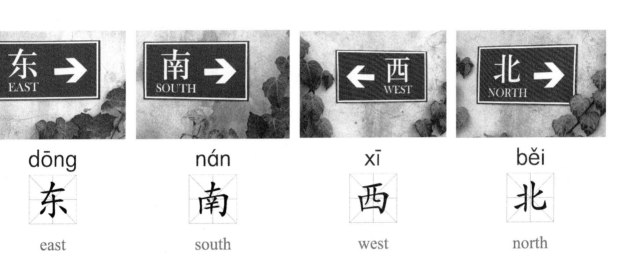

dōng
东
east

nán
南
south

xī
西
west

běi
北
north

2 你知道吗? Do you know?

北京的街道名各种各样，包括人物姓名（如：张自忠路）、市场商品（如：菜市口大街）、花草鱼虫（如：花市大街、金鱼胡同）等。另外，你也常会看到北京地名里有"东""南""西""北"等方向词。一个很有意思的例子——"北京西站南广场东"，在这个地名里甚至包含了"北、西、南、东"四个方向词。你能在北京地图上找到这个地方吗?

In Beijing, streets are named after all sorts of things including famous people's names (i.e. Zhang Zizhong Road), market and products (i.e. Caishikou Street), flowers, plants, fish and insects (i.e. Huashi Street, Jinyu *Hutong*). Besides, You can also frequently see the direction words "east, south, west, north" in street names. An interesting example like "Beijing Xizhan Nanguangchang Dong (East side of Beijing West Railway Station South Square)" even includes all four direction words "north (běi), west (xī), south (nán), and east (dōng)" in one name. Can you find it in a map of Beijing?

东	dōng	east
南	nán	south
西	xī	west
北	běi	north
左	zuǒ	left
然后	ránhòu	then

十字路口	shízì lùkǒu	intersection
过街天桥	guòjiē tiānqiáo	pedestrian overpass
人行横道	rénxíng héngdào	crosswalk
立交桥	lìjiāoqiáo	interchange overpass

骑	qí	ride (a bike)
自行车	zìxíngchē	bike
坐	zuò	sit; take (a bus, subway, etc.)
地铁	dìtiě	subway
开车	kāichē	drive
出租车	chūzūchē	taxi

Nǐ de xīn jiā zài nǎr?
你 的 新 家 在 哪儿?
Where is your new home?

学习目标 Objectives

1. 掌握方位词的用法　Learn to use location words
2. 学会表述某物的方位　Learn to express the locations of things are situated

热身 Warm-up　🎧 08-01

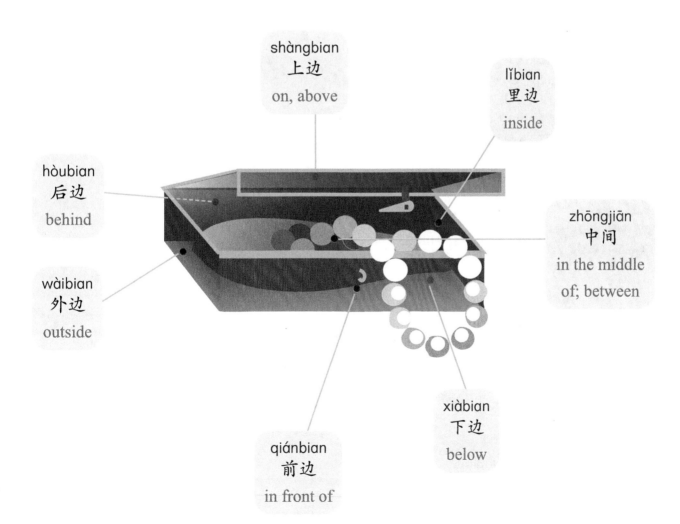

shàngbian
上边
on, above

lǐbian
里边
inside

hòubian
后边
behind

zhōngjiān
中间
in the middle of; between

wàibian
外边
outside

qiánbian
前边
in front of

xiàbian
下边
below

词语 Words and Phrases 🎧 08-02

1	书	shū	book
2	妻子	qīzi	wife
3	本	běn	*a measure word* (used for books)
4	绿（色）	lǜ (sè)	green
5	桌子	zhuōzi	table, desk
6	上（边）	shàng (bian)	on, above
7	书柜	shūguì	bookcase
8	里（边）	lǐ (bian)	inside
9	找	zhǎo	find
10	这儿	zhèr	here
11	杂志	zázhì	magazine
12	下边	xiàbian	below

专有名词 Proper Nouns

| 1 | 汉语 | Hànyǔ | Chinese |

关键句 Key Sentences 🎧 08-03

Wǒ de shū ne?
1 我 的 书 呢？ Where is my book?

Zài zhuōzi shang ma?
2 在 桌子 上 吗？ Is it on the table?

Zài zázhì xiàbian.
3 在 杂志 下边。 It is under the magazines.

课文 Text　🎧 08-04

Mǎdīng:　Wǒ de shū ne?
马 丁：　我 的 书 呢①？

Qīzi:　Shénme shū?
妻子：　什么 书？

Mǎdīng:　Yì běn lǜsè de Hànyǔ shū.
马 丁：　一 本 绿色 的 汉语 书。

Qīzi:　Zài zhuōzi shang ma?
妻子：　在 桌子 上 吗？

Mǎdīng:　Bú zài.
马 丁：　不 在。

Qīzi:　Zài shūguì lǐbian ma?
妻子：　在 书柜 里边 吗？

Mǎdīng:　Wǒ zhǎo le,　yě méiyǒu.
马 丁：　我 找 了，也 没有。

Qīzi:　Zài zhèr,　zài zázhì xiàbian.
妻子：　在 这儿，在 杂志 下边。

注释 Notes

①呢（ne）: It means "where is..." in this case.

Martin:　Where is my book?

his wife:　Which book?

Martin:　The green Chinese book.

his wife:　Is it on the table?

Martin:　No.

his wife:　Is it in the bookcase?

Martin:　I've looked, and it's not there either.

his wife:　Here it is, under the magazines.

1 看图说句子。Make sentences according to the pictures.

例

Shū zài zhuōzi shàngbian.
书 在 桌子 上边。

diànshì
电视
TV

diànhuà
电话

zhuōzi
桌子

yàoshi
钥匙
keys

zhuōzi
桌子

zhuōzi
桌子

yǐzi
椅子
chair

niúnǎi
牛奶

bīngxiāng
冰箱
refrigerator

2 看图完成对话。Complete the dialogues according to the pictures.

Wǒ de shū ne?
A：我 的 书 呢？

Nǐ de shū zài zhuōzi shàngbian.
B：你 的 书 在 桌子 上边 。

máoyī
毛衣

yīguì
衣柜
wardrobe

shǒujī
手机

zhuōzi
桌子

mèimei
妹妹

shāngdiàn
商店

māo
猫

chuáng
床
bed

3　说一说。Let's talk.

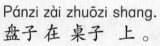

Pánzi zài zhuōzi shang.
盘子 在 桌子 上。

词语 Words and Phrases　🎧 08-05

1	听说	tīngshuō	it is said
2	搬家	bānjiā	move
3	对	duì	yes, right
4	原来	yuánlái	former
5	房子	fángzi	house, apartment
6	新	xīn	new
7	附近	fùjìn	nearby, neighboring
8	怎么样	zěnmeyàng	how about
9	公园	gōngyuán	park
10	马路	mǎlù	road
11	对面	duìmiàn	opposite
12	旁边	pángbiān	beside
13	超市	chāoshì	supermarket

专有名词 Proper Nouns

| 1 | 朝阳公园 | Cháoyáng Gōngyuán | Chaoyang Park |

关键句 Key Sentences　🎧 08-06

1
Nǐ de xīn jiā zài nǎr?
你的新家在哪儿？　Where is your new home?

2
Zài Cháoyáng Gōngyuán fùjìn.
在 朝阳 公园 附近。　It is near Chaoyang Park.

3
Gōngyuán jiù zài mǎlù duìmiàn.
公园 就在马路 对面。　The park is just on the opposite side of the road.

4
Pángbiān hái yǒu yì jiā dà chāoshì.
旁边 还有一家大超市。　There is also a big supermarket beside it.

课文 Text 🎧 08-07

Zhāng Huá: Tīngshuō nǐ bānjiā le.
张　华：　　听说　你　搬家了。

Sòng Lìli : Duì, yuánlái de fángzi tài xiǎo le.
宋丽丽：　　对，原来的房子太小了。

Zhāng Huá: Nǐ de xīn jiā zài nǎr?
张　华：　　你的新家在哪儿？

Sòng Lìli : Zài Cháoyáng Gōngyuán fùjìn.
宋丽丽：　　在　朝阳　公园　附近。

Zhāng Huá: Nàr zěnmeyàng?
张　华：　　那儿怎么样？

Sòng Lìli : Hěn piàoliang. Gōngyuán jiù zài mǎlù duìmiàn,
宋丽丽：　　很漂亮。　公园　就在马路对面，
pángbiān hái yǒu yì jiā dà chāoshì.
旁边　还有一家②大超市。

注释 Notes

②家（jiā）：It can be used as a measure word to describe company or institution such as shop, restaurant, school, hospital, etc.

Zhang Hua: I've heard that you have moved.

Song Lili: Yes, my old house was too small.

Zhang Hua: Where is your new home?

Song Lili: It is near Chaoyang Park.

Zhang Hua: How is it there?

Song Lili: Very pretty. The park is just on the opposite side of the road and there is also a big supermarket beside it.

1 看图说句子。Make sentences according to the pictures.

 例

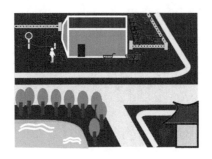

Mǎlù duìmiàn yǒu yì jiā chāoshì.
马路 对面 有一家超市。

1

| shāngdiàn | yínháng |
| 商店 | 银行 |

2

| gōngyuán | fànguǎn |
| 公园 | 饭馆 |

3

Bus station

yīyuàn	chēzhàn
医院	车站
	bus station

4

| xuéxiào | gōngyuán |
| 学校 | 公园 |

2   模仿例子改写句子。Rewrite the sentences according to the model.

例

Shāngdiàn zài gōngyuán duìmiàn.
商店 在 公园 对面。 ⇒

Gōngyuán duìmiàn yǒu yì jiā
公园 对面 有一家
shāngdiàn.
商店。

1

Yínháng zài shāngdiàn duìmiàn.
银行 在 商店 对面。 ⇒ ....

2

Fàndiàn zài xuéxiào pángbiān.
饭店 在 学校 旁边。 ⇒ ....

3

Shū zài zhuōzi shàngbian.
书 在 桌子 上边。 ⇒ ....

4

Niúnǎi zài bīngxiāng lǐbian.
牛奶 在 冰箱 里边。 ⇒ ....

3   说一说。Let's talk.

Gōngyuán pángbiān yǒu yì jiā yīyuàn.   Yīyuàn zài gōngyuán pángbiān.
公园 旁边 有一家医院。| 医院 在 公园 旁边。

1 听录音跟读。Listen and read. 🎧 08-08

shàngbian
上边

xiàbian
下边

qiánbian
前边

hòubian
后边

lǐbian
里边

wàibian
外边

zhōngjiān
中间

duìmiàn
对面

pángbiān
旁边

fùjìn
附近

2 听录音，判断对错。Listen and decide true or false. 🎧 08-09

Lánsè de shū zài zhuōzi xiàbian.
1 **a.** 蓝 色 的 书 在 桌子 下边。

Lǜsè de shū zài shūguì lǐbian.
b. 绿 色 的 书 在 书柜 里边。

Wǒ jiā zài gōngyuán xībian.
2 **a.** 我 家 在 公园 西边。

Chāoshì zài gōngyuán dōngbian.
b. 超 市 在 公园 东边。

Gōngyuán nánbian yǒu yí ge fànguǎn.
c. 公园 南边 有 一 个 饭馆。

小词库 Word box

xībian
西边
west

dōngbian
东边
east

3 成段表达：说说你家附近的环境。Presentation: Talk about the environment near your home.

> Wǒ jiā zài ...,　pángbiān yǒu ....
> 我 家 在……，　旁边　有……。

拓展 Extension

1 汉字。Characters.

kāi	guān	tuī	lā
开	关	推	拉
open	close	push	pull

2 你知道吗？ Do you know?

中国人请客时座位的安排很有讲究。离门最远的正中间的座位是男主人的，女主人坐在男主人的对面。客人分别坐在主人的左边和右边。

There are some rules for arranging the seats when Chinese people invite guests for dinner. The middle seat which is the furthest from the door is for the host and the hostess's seat is on the opposite side. The guests will sit on the right side and the left side of the host.

后边	hòubian	behind
外边	wàibian	outside
前边	qiánbian	in front of
中间	zhōngjiān	in the middle of, between
车站	chēzhàn	bus station
西边	xībian	west
东边	dōngbian	east

电视	diànshì	TV
钥匙	yàoshi	key
椅子	yǐzi	chair
冰箱	bīngxiāng	refrigerator
衣柜	yīguì	wardrobe
床	chuáng	bed

Nǐ zěnme le?
你 怎么 了?
What's the matter with you?

学习目标 Objectives

1. 学会主要身体部位的词语　Learn some words for body parts
2. 学会询问并且描述身体状况　Learn to ask about and describe the state of one's health

热身 Warm-up 09-01

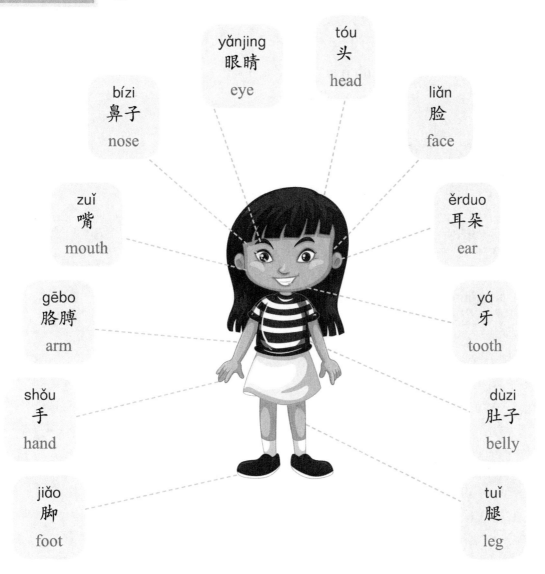

yǎnjing
眼睛
eye

tóu
头
head

bízi
鼻子
nose

liǎn
脸
face

zuǐ
嘴
mouth

ěrduo
耳朵
ear

gēbo
胳膊
arm

yá
牙
tooth

shǒu
手
hand

dùzi
肚子
belly

jiǎo
脚
foot

tuǐ
腿
leg

词语 Words and Phrases 🎧 09-02

1	医生	yīshēng	doctor
2	病人	bìngrén	patient
3	咳嗽	késou	cough
4	头疼	tóu téng	headache
5	发烧	fāshāo	have a fever
6	感冒	gǎnmào	have a cold
7	药	yào	medicine
8	喜欢	xǐhuan	like

关键句 Key Sentences 🎧 09-03

Nǐ zěnme le?
1 你 怎么 了？   What's the matter with you?

Wǒ yǒu yìdiǎnr tóu téng.
2 我 有一点儿 头 疼。   I have a slight headache.

Nǐ gǎnmào le.
3 你 感冒 了。   You have caught a cold.

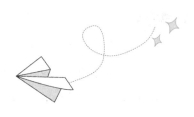

课文 Text   🎧 09-04

Yīshēng:　Nǐ zěnme le?
医生 ：　你 怎么 了①?

Bìngrén:　Wǒ késou, yǒu diǎnr   tóu téng.
病人 ：　我 咳嗽， 有 点儿② 头 疼。

Yīshēng:　Fāshāo ma?
医生 ：　发烧 吗?

Bìngrén:　Bù fāshāo.
病人 ：　不 发烧。

Yīshēng:　Nǐ gǎnmào le,
医生 ：　你 感冒 了，

　　　　　chī diǎnr yào ba.
　　　　　吃 点儿 药 吧。

Bìngrén:　Wǒ bù xǐhuan chī yào.
病人 ：　我 不 喜欢 吃 药。

Doctor:　What's the matter with you?

Patient:　I have a cough, and a slight headache.

Doctor:　Do you have a fever ?

Patient:　No.

Doctor:　You have a cold. You should take some medicine.

Patient:　I don't like taking medicine.

注释 Notes

① 怎么了（zěnme le）: It means "What's wrong?" or "What's the matter?".

② 有点儿（yǒu diǎnr）: It is short for "有一点儿（yǒu yìdiǎnr）", it can be used to express "a little" before adjectives or some verbs.

1 看图完成对话。**Complete the dialogues according to the pictures.**

Tā zěnme le?
A：她 怎 么 了？

Tā ____ le.
B：她 _____ 了。

1	2	3	4
gǎnmào 感冒	fāshāo 发烧	shēngbìng 生病	lèi 累 tired

2 替换练习。**Substitution.**

Nǐ zěnme le?
A：你 怎 么 了？

Wǒ yǒu yì   diǎnr gǎnmào.
B：我 有（一）点儿 感冒。

yá téng
牙 疼
toothache

tóu téng
头 疼

tuǐ téng
腿 疼
leg pain

késou
咳嗽

bù shūfu
不 舒服
uncomfortable

3　选词填空。Fill in blanks with the proper word.

Wǒ késou,　chīle　　　　　　yào.
1 我 咳嗽，吃了 ＿＿＿＿＿ 药。

Zhè jiàn máoyī　　　　　　dà.
2 这 件 毛衣 ＿＿＿＿＿ 大。

Tā gǎnmào le,　　　　　fāshāo.
3 他 感冒 了，＿＿＿＿＿ 发烧。

Nǐ hē　　　　huāchá ba.
4 你 喝 ＿＿＿＿＿ 花茶 吧。

Jīntiān wǒ gōngzuòle shí ge xiǎoshí,　　　tóu téng.
5 今天 我 工作了 10 个 小时，＿＿＿＿＿ 头 疼。

（yì）diǎnr
（一）点儿

yǒu（yì）diǎnr
有（一）点儿

第二部分 Part II

词语 Words and Phrases　🎧 09-05

1	得	děi	must, have to
2	医院	yīyuàn	hospital
3	说	shuō	speak, say, talk
4	多	duō	many, much
5	水	shuǐ	water
6	休息	xiūxi	rest
7	会	huì	will, can, be able to, likely to
8	告诉	gàosu	tell
9	老板	lǎobǎn	boss
10	病	bìng	ill

Wǒ jīntiān bù néng shàngbān le.
1 我 今天 不 能 上班 了。 I can't go to work today.

Nǐ děi qù yīyuàn kànkan.
2 你 得 去 医院 看看。 You'd better go to see a doctor.

课文 Text 🎧 09-07

Mǎdīng: Wǒ jīntiān bù néng shàngbān le.
马丁： 我 今天 不 能③ 上班 了④。

Zhāng Huá: Nǐ zěnme le?
张 华： 你 怎么 了？

Mǎdīng: Wǒ yǒu diǎnr fāshāo.
马丁： 我 有 点儿 发烧。

Zhāng Huá: Nǐ děi qù yīyuàn kànkan.
张 华： 你 得 去 医院 看看。

Mǎdīng: Wǒ qù le, yīshēng shuō wǒ děi
马丁： 我 去 了，医生 说 我 得
duō hē shuǐ, duō xiūxi.
多 喝水， 多 休息。

Zhāng Huá: Nǐ xiūxi ba, wǒ huì gàosu lǎobǎn nǐ bìng le.
张 华： 你 休息 吧，我 会 告诉 老板 你 病 了。

Martin: I can't go to work today.

Zhang Hua: What's the matter with you?

Martin: I have a fever.

Zhang Hua: You'd better go to see a doctor.

Martin: I did. The doctor said I should drink more water, and get some rest.

Zhang Hua: Have a good rest. I will tell our boss that you are ill.

注释 Notes

③néng（能）：It is an auxiliary verb, expresses possibility provided by the circumstances or reason.

④了（le）：It is a particle that expresses the situation has changed, or a new situation has appeared.

练习 Exercises

1 看图完成句子。Complete the sentences according to the pictures.

Mǎdīng bù shūfu, yīshēng shuō:
马丁 不 舒服，医 生 说：

"Nǐ děi duō xiūxi."
"你 得 多 休息。"

duō xiūxi
多 休息

Mǎ xiānsheng késou, Mǎ fūren shuō:
马先生　咳嗽，马夫人 说："＿＿＿＿＿＿。"

chī yào
吃 药

2

Míngming fāshāo, māma shuō:

明明 发烧，妈妈 说："_____。"

qù yīyuàn
去 医院

3

Lǐ Lì gǎnmào le, yīshēng shuō:

李丽 感冒 了， 医生 说："_____。"

duō hē shuǐ
多 喝水

---

2 读一读，然后连线。Read and match.

Wǒ gǎnmào le.
1 我 感冒 了。

Wǒ fāshāo le.
2 我 发烧 了。

Wǒ késou.
3 我 咳嗽。

Wǒ yǒu yìdiǎnr lèi.
4 我 有 一点儿 累。

Wǒ méiyǒu gǎnmào yào.
5 我 没有 感冒 药。

Nǐ děi duō xiūxi.
a. 你 得 多 休息。

Nǐ děi qù yīyuàn kànkan.
b. 你 得 去 医院 看看。

Nǐ děi duō hē shuǐ.
c. 你 得 多 喝水。

Nǐ děi qù yào diàn mǎi diǎnr.
d. 你 得 去 药 店 买 点儿。

Nǐ děi chī késou yào.
e. 你 得 吃 咳嗽 药。

小词库 Word box

yàodiàn
药店
pharmacy

3　替换练习。Substitution.

> Wǒ gǎnmào le, míngtiān bù néng qù nǐ jiā le.
> 我 感冒 了，明天 不 能 去 你 家 了。

1　fāshāo　qù xuéxiào
　　发烧　　去 学校

2　bìng　　qù Chángchéng
　　病　　　去 长城

3　késou　hé nǐ yìqǐ chī fàn
　　咳嗽　　和 你 一起 吃 饭

4　lèi　　qù shāngdiàn
　　累　　　去 商店

小词库 Word box

yìqǐ
一起
together

chīfàn
吃饭
have a meal

综合练习 Comprehensive Exercises

1　听录音跟读。Listen and read. 🎧 09-08

chídào
迟到

zhīdào
知道

xiūxi
休息

xuéxí
学习

lèi le
累了

lái le
来了

zěnme
怎么

shénme
什么

2 听录音，选择正确答案。Listen and choose the correct answer. 09-09

> Zhānghuá zěnme le?
>
> **1** 张华　怎么了？

> Zhānghuá gǎnmào le.
>
> a.　张华　感冒了。

> Zhānghuá lèi le.
>
> b.　张华　累了。

> Zhānghuá fāshāo le.
>
> c.　张华　发烧了。

> Mǎdīng děi zuò shénme?
>
> **2** 马丁　得做什么？

> Mǎdīng děi duō xiūxi.
>
> a.　马丁　得多休息。

> Mǎdīng děi duō hē shuǐ.
>
> b.　马丁　得多喝水。

> Mǎdīng děi qù xuéxiào.
>
> c.　马丁　得去学校。

3 说一说。Let's talk.

1 告诉你的老板你病了，明天不能上班了。

Tell your boss you are ill and cannot go to work tomorrow.

2 如果你是学校的医生，请给孩子们一些预防感冒的建议。

If you are a school doctor, please give the children some advice to avoid catching a cold.

拓展 Extension

1 汉字。Characters.

yào diàn

药 店

pharmacy

Běi jīng Yī yuàn

北 京 医 院

Beijing Hospital

2 你知道吗? Do you know?

在中医治疗中，中草药被广泛应用。中草药主要来源于植物，比如根、叶、果实等。

Traditional Chinese herbal is widely used in the traditional Chinese medical practice. Traditional Chinese remedies mainly come from plants, e.g. roots, leaves, fruits etc.

3 补充词语。Supplementary words.

头	tóu	head
脸	liǎn	face
眼睛	yǎnjing	eye
鼻子	bízi	nose
耳朵	ěrduo	ear
嘴	zuǐ	mouth
牙	yá	tooth
胳膊	gēbo	arm
手	shǒu	hand
肚子	dùzi	belly
腿	tuǐ	leg
脚	jiǎo	foot

累	lèi	tired
牙疼	yá téng	toothache
腿疼	tuǐ téng	leg pain
不舒服	bù shūfu	uncomfortable

药店	yàodiàn	pharmacy
一起	yìqǐ	together
吃饭	chīfàn	have a meal

Nǐ huì xiū diànnǎo ma？

你 会 修 电脑 吗？
Can you repair a computer?

学习目标 Objectives

1. 学会谈论能力　Learn to talk about skills
2. 学会谈论爱好　Learn to talk about hobbies

热身 Warm-up 🎧 10-01

kāichē
开车
drive

zuò fàn
做饭
cook

shuō Hànyǔ
说 汉语
speak Chinese

huà huàr
画 画儿
draw, paint

yóuyǒng
游泳
swim

huábīng
滑冰
ice skate

词语 Words and Phrases 🎧 10-02

1	修	xiū	repair, fix
2	电脑	diànnǎo	computer
3	得	de	*a structural particle*
4	坏	huài	broken, bad
5	上网	shàngwǎng	surf the Internet
6	可能	kěnéng	maybe, possible
7	病毒	bìngdú	virus

关键句 Key Sentences 🎧 10-03

Nǐ huì xiū diànnǎo ma?

1 你会修 电脑 吗? Can you repair a computer?

Tā xiū de hěn hǎo.

2 他修得 很 好。 He can do well.

Wǒ huì yìdiǎnr.

3 我 会 一点儿。 I know a little.

课文 Text 🎧 10-04

Zhēnnī： Nǐ huì xiū diànnǎo ma?
珍妮： 你会①修 电脑 吗?

Sòng Lìli : Wǒ bú huì, Zhāng Huá huì. Tā xiū de hěn hǎo.
宋 丽丽: 我 不会, 张 华 会。他 修 得② 很 好。

Zhēnnī : Zhāng Huá, tīngshuō nǐ huì xiū diànnǎo.
珍妮 : 张 华, 听说 你 会 修 电脑。

Zhāng Huá: Wǒ huì yìdiǎnr.
张 华: 我 会 一点儿。

Zhēnnī : Wǒ de diànnǎo huài le,
珍妮 : 我 的 电脑 坏 了,

bù néng shàngwǎng le.
不 能 上网 了。

Zhāng Huá: Kěnéng yǒu bìngdú.
张 华: 可能 有 病毒。

Zhēnnī: Diànnǎo yě bìng le?
珍妮 : 电脑 也 病 了?

Jenny:	Can you repair computer?
Song Lili:	No, I can't, but Zhang Hua can. He can do well.
Jenny:	Zhang Hua, they say you know how to repair computers.
Zhang Hua:	I know a little.
Jenny:	Something wrong with my computer, and I can't get online.
Zhang Hua:	Maybe it has some virus.
Jenny:	Is my computer sick?

①会（huì）：It's an auxiliary verb which expresses to gain a skill through learning, while it also expresses possibility, as in Lesson 11.

②得（de）：It's agree complement structural particle, which appears between a verb and a complement which illustrates the degree of the action. The question form is "verb+得（de）+ adj+吗（ma）?" or "verb+得（de）+怎么样（zěnmeyàng）?".

练习 **Exercises**

1 看图完成对话。Complete the dialogues according to the pictures.

Nǐ huì   ma?
A：你 会 _____ 吗？   B：_____ 。

kāichē
开车

zuò fàn
做饭

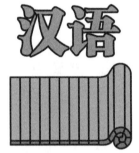

shuō Hànyǔ
说 汉语

huà huàr
画 画儿

yóuyǒng
游泳

huábīng
滑冰

2 模仿例子，用"得"字造句。Make sentences with the word "得" according to the model.

例 Tā xiū de hěn hǎo.
他 修 <u>得</u> <u>很 好</u>。

小词库 Word box

| zhǎng
长
grow | fēicháng
非常
very |

1 shuō
说 + hěn hǎo
很 好

....

2 zhǎng
长 + hěn piàoliang
很 漂亮

....

3 zǒu
走 + fēicháng kuài
非常 快

....

4 chī
吃 + bú tài duō
不 太 多

....

3 替换练习。Substitution.

Nǐ huì shuō Hànyǔ ma?
A：你 会 说 <u>汉语</u> 吗？

Wǒ huì shuō yìdiǎnr.
B：我 会 说 一点儿。

Shuō de hǎo ma?
A：说 得 好 吗？

Shuō de bú tài hǎo.
B：说 得 <u>不 太 好</u>。

| Yīngyǔ
英语
English | Fǎyǔ
法语
French | Éyǔ
俄语
Russian |

| Déyǔ
德语
German | Xībānyáyǔ
西班牙语
Spanish |

| hěn hǎo
很 好 | búcuò
不错
pretty good | hǎo jí le
好 极 了
great |

词语 Words and Phrases 🎧 10-05

1	下班	xiàbān	get off work
2	以后	yǐhòu	after
3	常常	chángcháng	frequently, often
4	健身房	jiànshēnfáng	gymnasium
5	有时候	yǒushíhou	sometimes
6	网球	wǎngqiú	tennis
7	次	cì	*a measure word* (used for events or actions)
8	周末	zhōumò	weekend
9	空	kòng	free time
10	一起	yìqǐ	together

关键句 Key Sentences 🎧 10-06

Xiàbān yǐhòu nǐ chángcháng zuò shénme?

1 下班 以后 你 常常 做 什么？ What do you often do after work?

Wǒ yǒushíhou dǎ wǎngqiú.

2 我 有时候 打 网球。 Sometimes I play tennis.

Yì xīngqī jǐ cì?

3 一 星期 几 次？ How many times a week?

课文 Text   🎧 10-07

Mǎdīng:	Xiàbān yǐhòu nǐ chángcháng zuò shénme?
马丁：	下班 以后你　常常　做 什么？

Zhāng Huá:	Qù jiànshēnfáng. Nǐ ne?
张　华：	去 健身房。 你呢？

Mǎdīng:	Wǒ yǒushíhou dǎ wǎngqiú.
马丁：	我 有时候 打 网球。

Zhāng Huá:	Yì xīngqī jǐ cì?
张　华：	一星期 几 次？

Mǎdīng:	Liǎng cì.
马丁：	两 次。

Zhāng Huá:	Zhè zhōumò nǐ yǒu kòng ma? Wǒmen yìqǐ dǎ
张　华：	这 周末 你 有 空 吗？ 我们 一起 打
	wǎngqiú ba.
	网球 吧。

Mǎdīng:	Tài hǎo le!
马丁：	太 好 了！

Martin:	What do you often do after work?
Zhang Hua:	I go to the gym. How about you?
Martin:	Sometimes I play tennis.
Zhang Hua:	How many times a week?
Martin:	Twice a week.
Zhang Hua:	Do you have time this weekend? Let's play tennis together.
Martin:	Great!

1 替换练习。**Substitution.**

> Zhōumò wǒ yǒushíhou dǎ wǎngqiú.
> 周 末 我 有时候 打 网球。

chángcháng 常常	yǒushíhou 有时候	yǒushíhou 有时候	zǒngshì 总是 always
kàn diànshì 看 电视	mǎi dōngxi 买 东西	pá shān 爬山 climb mountains	kàn shū 看书 read a book

2 看图完成对话。**Complete the dialogues according to the pictures.**

jiànshēnfáng 健身房	jiànshēn 健身 body-building	gōngyuán 公园	sànbù 散步 take a walk	yóuyǒngguǎn 游泳馆 swimming pool	yóuyǒng 游泳

yǔyán xuéxiào
语言 学校
language school

xué Hànyǔ
学 汉语

jiā
家

shàngwǎng
上网

Xiàbān yǐhòu nǐ chángcháng zuò shénme?
A：下班 以后 你 常 常 做 什么？

Wǒ yǒushíhou   yǒushíhou
B：我 有时候 ＿＿＿＿＿，有时候 ＿＿＿＿＿。

---

3 看表格完成对话。Complete the dialogues according to the table.

Nǐ chángcháng qù jiànshēnfáng ma?
A：你 常 常 去 健身房 吗？

Wǒ chángcháng qù.
B：我 常常 去。

Yì xīngqī qù jǐ cì?
A：一 星期 去 几 次？

Yì xīngqī qù liǎng cì.
B：一 星期 去 两 次。

	xīngqīyī 星期一	xīngqī'èr 星期二	xīngqīsān 星期三	xīngqīsì 星期四	xīngqīwǔ 星期五	xīngqīliù 星期六	xīngqīrì 星期日
jiànshēn 健身				✓			✓
sànbù 散步	✓		✓		✓		
yóuyǒng 游泳		✓				✓	
xué Hànyǔ 学 汉语	✓	✓	✓	✓	✓		

综合练习 Comprehensive Exercises

1 听录音跟读。Listen and read. 🎧 10-08

kànkan
看看

tīngting
听听

shuōshuo
说说

xuéxue
学学

xiǎngxiang
想想

děngdeng
等等

chángchang
尝尝

shìshi
试试

2 听录音，选择正确答案。Listen and choose the correct answer. 🎧 10-09

1 a.
Sòng Lìli huì kāichē.
宋 丽丽 会 开车。

b.
Sòng Lìli bú huì kāichē.
宋 丽丽 不会 开车。

c.
Sòng Lìli bú huì qí chē.
宋 丽丽 不会 骑车。

2 a.
Sòng Lìli chángcháng dǎ wǎngqiú.
宋 丽丽 常常 打 网球。

b.
Sòng Lìli yǒushíhou dǎ wǎngqiú.
宋 丽丽 有时候 打 网球。

c.
Sòng Lìli zǒngshì dǎ wǎngqiú.
宋 丽丽 总是 打 网球。

3 成段表达：说说你的业余生活。Presentation: Talk about your sparetime life.

拓展 Extension

1 汉字。Characters.

yóu yǒng guǎn
游 泳 馆
swimming pool

jiàn shēn fáng
健 身 房
gymnasium

2 你知道吗? Do you know?

中国人在听到别人赞美自己时，往往会谦虚一番："哪里哪里"。课文中张华听到珍妮的赞扬后，谦虚地回答说"会一点儿"。

When Chinese people are praised by others, they often answer humbly like this: "nǎli nǎli". In this text, Zhang Hua replied to Jenny with "huì yìdiǎnr".

3 补充词语。Supplementary words.

做饭	zuò fàn	cook	游泳	yóuyǒng	swim
画画儿	huà huàr	draw, paint	滑冰	huábīng	ice skate

爬山	pá shān	climb mountains
看书	kànshū	read a book
健身	jiànshēn	body-building
散步	sànbù	take a walk

英语	Yīngyǔ	English
法语	Fǎyǔ	French
俄语	Éyǔ	Russian
德语	Déyǔ	German
西班牙语	Xībānyáyǔ	Spanish

很好	hěn hǎo	very well
非常	fēicháng	very
不错	búcuò	pretty good
好极了	hǎo jí le	great

总是	zǒngshì	always
长	zhǎng	grow

游泳馆	yóuyǒngguǎn	swimming pool
语言学校	yǔyán xuéxiào	language school

Tài lěng le!

太冷了!

It's too cold!

学会描述气候、天气情况　Learn to describe the weather and climate

热身 **Warm-up**　🎧 11-01

qíng
晴

sunny

yīn
阴

overcast

duōyún
多云

cloudy

xiàyǔ
下雨

rain

xiàxuě
下雪

snow

yǒu wù
有雾

foggy

guāfēng
刮风

(wind) to blow, windy

词语 Words and Phrases 🎧 11-02

1	上	shàng	last
2	旅行	lǚxíng	travel
3	冰灯	bīngdēng	ice lantern
4	好看	hǎokàn	nice, pretty, attractive
5	……极了	... jí le	extremely
6	可是	kěshì	but
7	天气	tiānqì	weather
8	冷	lěng	cold
9	气温	qìwēn	temperature
10	度	dù	degree
11	零下	líng xià	under zero degree, below zero
12	比	bǐ	than

关键句 Key Sentences 🎧 11-03

1. (Bīngdēng) piàoliang jí le, kěshì nàr de tiānqì tài lěng le!
（冰灯）漂亮 极了，可是那儿的 天气 太 冷 了!
(The ice lanterns) were so beautiful, but it was too cold there!

2. Nàr de qìwēn shì duōshao dù?
那儿的 气温 是 多少 度？ What was the temperature there?

3. Líng xià èrshí'èr dù.
零下 **22** 度。 It was minus 22 degrees.

4. Bǐ Běijīng lěng duō le.
比 北京 冷 多 了。 It was much colder than Beijing.

课文 Text 🎧 11-04

Zhāng Huá: Tīngshuō shàng ge xīngqī nǐ qù lǚxíng le.
张　华：　听说　上　个　星期 你 去 旅行 了。

Mǎdīng: Duì, wǒ qù Hā'ěrbīn kàn bīngdēng le.
马　丁：　对，我 去 哈尔滨 看　冰灯　了。

Zhāng Huá: Bīngdēng hǎokàn ma?
张　华：　冰灯　好看 吗？

Mǎdīng: Piàoliang jí le, kěshì nàr de tiānqì tài lěng le!
马　丁：　漂亮　极了，可是那儿的天气太冷了！

Zhāng Huá: Nàr de qìwēn shì duōshao dù?
张　华：　那儿的气温是　多少　度？

Mǎdīng: Líng xià èrshí'èr dù,
马　丁：　零 下 **22**　度，

Bǐ Běijīng lěng duō le.
比 北京 冷 多 了[1]。

Zhang Hua:	I heard that you went traveling last week.
Martin:	Yes, I went to Harbin to see the ice lanterns.
Zhang Hua:	Were they nice?
Martin:	Yes, they were so beautiful, but it was too cold there!
Zhang Hua:	What was the temperature there?
Martin:	It was minus 22 degrees. It was much colder than Beijing.

①比北京冷多了（bǐ Běijīng lěng duo le）：It's a "比（bǐ）" sentence, indicating comparison. The basic structure of "比（bǐ）" sentence is: A＋比（bǐ）＋B＋adjective. In the text, "多了（duō le）" expresses a deep degree. The structure of this kind "比（bǐ）" sentence is: A＋比（bǐ）＋B＋adjective＋多了（duō le）.

练习 Exercises

1 模仿例子组成短语。**Make phrases according to the model.**

| 例 | lěng 冷 | ⇒ | hěn lěng 很冷 | ⇒ | tài lěng le 太冷了 | ⇒ | lěng jí le 冷极了 |

1 hǎo 好 ⇒ .... ⇒ .... ⇒ ....

2 guì 贵 ⇒ .... ⇒ .... ⇒ ....

3 yuǎn 远 ⇒ .... ⇒ .... ⇒ ....

4 piàoliang 漂亮 ⇒ .... ⇒ .... ⇒ ....

5 shūfu 舒服 ⇒ .... ⇒ .... ⇒ ....

2 替换练习。Substitution.

1

Shàngwǔ bǐ xiàwǔ lěng.
上午 比 下午 冷。

1

| jīntiān
今天 | zuótiān
昨天 | rè
热 |

2

| píngguǒ
苹果 | cǎoméi
草莓 | piányi
便宜 |

3

| zhè jiàn xīfú
这件 西服 | nà jiàn chènyī
那件 衬衣 | guì
贵 |

2

Hā'ěrbīn bǐ Běijīng lěng duō le.
哈尔滨 比 北京 冷 多 了。

1

| dōngtiān
冬天 | xiàtiān
夏天
summer | lěng
冷 |

2

| kāichē
开车 | qí chē
骑车 | kuài
快 |

3

| Běijīng
北京 | Shànghǎi
上海 | gānzào
干燥
dry |

词语 Words and Phrases 🎧 11-05

1	下雨	xiàyǔ	rain
2	天气预报	tiānqì yùbào	weather forecast
3	大雨	dàyǔ	heavy rain
4	带	dài	bring, take
5	雨伞	yǔsǎn	umbrella
6	把	bǎ	*a measure word* (used for objects with handles)

关键句 Key Sentences 🎧 11-06

Jīntiān huì xiàyǔ ma?
1 今天 会 下雨 吗?　Will it rain today?

Tiānqì yùbào shuō jīntiān yǒu dàyǔ.
2 天气 预报 说 今天 有 大雨。
The weather forecast says there will be heavy rain today.

Wǒ méi dài yǔsǎn.
3 我 没 带 雨伞。　I didn't take my umbrella.

课文 Text 🎧 11-07

Mǎdīng: Jīntiān huì xiàyǔ ma?
马丁：今天 会 下雨 吗？

Sòng Lìli: Tiānqì yùbào shuō jīntiān yǒu dàyǔ.
宋 丽丽：天气 预报 说 今天 有 大雨。

Mǎdīng: Shì ma? Wǒ méi dài yǔsǎn.
马丁：是 吗？我 没 带 雨伞。

Sòng Lìli: Wǒ yǒu liǎng bǎ yǔsǎn, gěi nǐ yì bǎ.
宋 丽丽：我 有 两 把 雨伞，给 你 一 把。

Mǎdīng: Tài hǎo le. Xièxie!
马丁：太 好 了。谢谢！

Martin:	Will it rain today?
Song Lili:	The weather forecast says there will be heavy rain today.
Martin:	Really? I didn't take my umbrella.
Song Lili:	I have two. I can give you one.
Martin:	That's great. Thank you!

1 替换练习。Substitution.

> Jīntiān huì xiàyǔ ma?
> A：今天 会 下雨 吗?
>
> Jīntiān bú huì xiàyǔ, míngtiān huì xiàyǔ.
> B：今天 不会 下雨， 明天 会 下雨。

① shàngwǔ 上午 | xiàyǔ 下雨 | xiàwǔ 下午

② xiàwǔ 下午 | xiàxuě 下雪 | wǎnshang 晚上

③ wǎnshang 晚上 | guāfēng 刮风 | míngtiān 明天

2 模仿例子改写句子。Rewrite the following sentences according to the model.

> Wǒ dài yǔsǎn le.
> 例 我 带 雨伞 了。 ⇒ Wǒ méi dài yǔsǎn.
> 我 没 带 雨伞。

① Shàngwǔ wǒ mǎi yǔsǎn le.
上午 我 买 雨伞 了。 ⇒ ....

② Zuótiān wǎnshang xiàxuě le.
昨天 晚上 下雪 了。 ⇒ ....

③ Qiántiān wǒ hé péngyou qù fànguǎn le.
前天 我 和 朋友 去 饭馆 了。 ⇒ ....

④ Jīntiān zǎoshang guā dàfēng le.
今天 早上 刮 大风 了。 ⇒ ....

综合练习 Comprehensive Exercises

1 听录音跟读。Listen and read. 🎧 11-08

chūntiān
春天
spring

xiàtiān
夏天

qiūtiān
秋天
autumn

dōngtiān
冬天
winter

líng shàng
零 上
above zero

líng xià
零 下

lěng
冷

rè
热
hot

nuǎnhuo
暖和
warm

liángkuai
凉快
cool

cháoshī
潮湿
humid

gānzào
干燥

2 听录音，判断对错。Listen and decide true or false. 🎧 11-09

① Běijīng yì nián yǒu sān ge jìjié.
北京 一 年 有 三 个 季节。

② Běijīng chūntiān hěn nuǎnhuo.
北京 春天 很 暖和。

③ Běijīng qiūtiān tiānqì bù hǎo.
北京 秋天 天气 不 好。

④ Běijīng dōngtiān hěn cháng.
北京 冬天 很 长。

小词库 Word box

jìjié
季节
season

3 模仿例句，用下面的词语说说北京的夏天。Describe the summer in Beijing with the following words according to the model.

Běijīng de chūntiān hěn nuǎnhuo, yě hěn gānzào, chángcháng guāfēng.
北京 的 春天 很 暖和，也 很 干燥，常常 刮风。

| xiàtiān
夏天 | rè
热 | cháoshī
潮湿 | xiàyǔ
下雨 |

4 成段表达：说说你家乡的天气。Presentation: Describe the weather of your hometown.

... yì nián yǒu sì ge jìjié, ...
……一 年 有 四 个 季节，……。

拓展 Extension

1 汉字。Characters.

yǔ

雨

rain

xuě

雪

snow

fēng

风

wind

2   你知道吗？ Do you know?

中国有十二生肖，每一年都有一个对应的动物。每十二年是一个轮回。这十二种动物是：鼠、牛、虎、兔、龙、蛇、马、羊、猴、鸡、狗、猪。

There are twelve Zodiacs in China. Each year has a corresponding animal. There are twelve animals altogether, so every twelve years completes a cycle. These twelve animals are: rat, ox, tiger, rabbit, dragon, snake, horse, goat, monkey, rooster, dog and pig.

3   补充词语。 Supplementary words.

晴	qíng	sunny
阴	yīn	overcast
多云	duōyún	cloudy
下雪	xiàxuě	snow
有雾	yǒu wù	foggy
刮风	guāfēng	(wind) to blow, windy

季节	jìjié	season
春天	chūntiān	spring
夏天	xiàtiān	summer
秋天	qiūtiān	autumn
冬天	dōngtiān	winter
零上	líng shàng	above zero

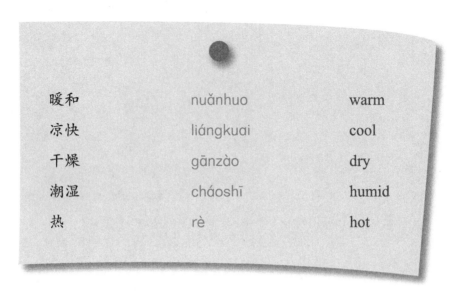

暖和	nuǎnhuo	warm
凉快	liángkuai	cool
干燥	gānzào	dry
潮湿	cháoshī	humid
热	rè	hot

12

Qǐng bǎ zhuōzi cā yíxiàr.
请 把 桌子 擦 一下儿。
Please wipe the table.

学习目标 Objectives

学会与家务活动相关的常用语　Learn useful words and phrases for housework

热身 Warm-up 🎧 12-01

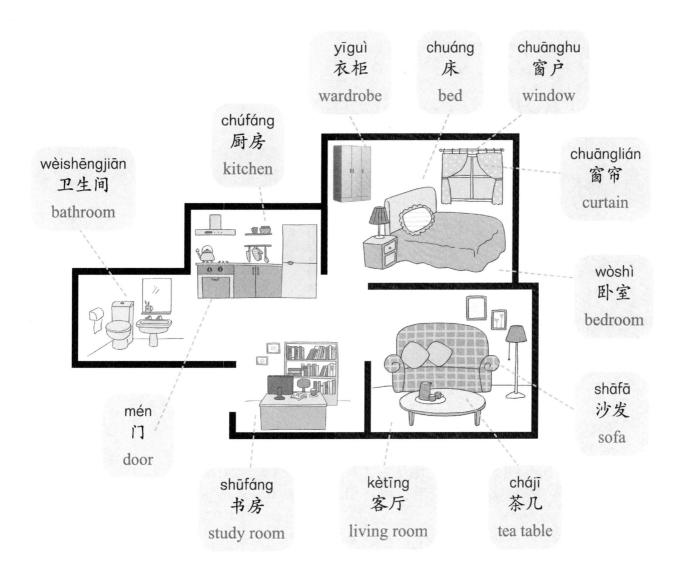

yīguì
衣柜
wardrobe

chuáng
床
bed

chuānghu
窗户
window

chúfáng
厨房
kitchen

chuānglián
窗帘
curtain

wèishēngjiān
卫生间
bathroom

wòshì
卧室
bedroom

shāfā
沙发
sofa

mén
门
door

shūfáng
书房
study room

kètīng
客厅
living room

chájī
茶几
tea table

词语 Words and Phrases 🎧 12-02

1	把	bǎ	*a preposition* (used in the "把（bǎ）" sentence)
2	擦	cā	wipe
3	一下儿	yíxiàr	*indicates that an action is brief, slight with a soft and polite mood*
4	这些	zhèxiē	these
5	衣服	yīfu	clothes
6	洗	xǐ	wash
7	深	shēn	dark
8	浅	qiǎn	light
9	分开	fēnkāi	separate
10	那些	nàxiē	those
11	熨	yùn	iron
12	另外	lìngwài	besides
13	卫生间	wèishēngjiān	toilet, bathroom
14	打扫	dǎsǎo	clean
15	问题	wèntí	problem

关键句 Key Sentences 🎧 12-03

Qǐng bǎ zhuōzi cā yíxiàr.

1 请 把 桌子 擦 一下儿。 Please wipe the table.

Nàxiē yīfu yào yùn ma?

2 那些 衣服 要 熨 吗？ Do those clothes need to be ironed?

课文 Text 🎧 12-04

Zhēnnī: Āyí, qǐng bǎ zhuōzi cā yíxiàr.
珍妮: 阿姨，请把 桌子 擦一下儿①。

Āyí: Hǎo.
阿姨: 好。

Zhēnnī: Bǎ zhèxiē yīfu xǐ yíxiàr. Shēn
珍妮: 把 这些 衣服 洗 一下儿。 深
yánsè de hé qiǎn yánsè de yào
颜色 的 和 浅 颜色 的 要
fēnkāi xǐ.
分开 洗。

Āyí: Xíng. Nàxiē yīfu yào yùn ma?
阿姨: 行 。那些 衣服 要 熨 吗?

Zhēnnī: Yào. Lìngwài, qǐng nǐ bǎ wèishēngjiān yě dǎsǎo yíxiàr.
珍妮: 要 。另外，请 你 把 卫生间 也 打扫 一下儿。

Āyí: Méi wèntí.
阿姨: 没 问题。

Jenny: Maid, please wipe the table.

Maid: OK.

Jenny: Please wash these clothes. Dark ones and light ones should be washed separately.

Maid: OK. Do those clothes need to be ironed?

Jenny: Yes, and besides that, please also clean the bathroom.

Maid: No problem.

①把桌子擦一下儿（bǎ zhuōzi cā yíxiàr）: This is a "把（bǎ）" sentence. In Chinese, one sometimes needs to emphasize how the object of a verb is disposed of and what result is brought about. To make a "把（bǎ）" sentence, the preposition "把（bǎ）" is used to lead the object preceding the verb, and the influence or result of the action is put after the verb. The word order of "把（bǎ）" sentences is: "subject (the doer of the action) + 把（bǎ）+ object (things disposed of) + verb + other elements (like the influence or result of the action)".

练习 Exercises

1 看图完成对话。Complete the dialogues according to the pictures.

Qǐng bǎ zhuōzi cā   yíxiàr.
A: 请 把 桌子 擦 一下儿。

Hǎo.
B: 好 。

píngguǒ　xǐ
苹果　　洗

chènshān　yùn
衬衫　　熨

chúfáng　dǎsǎo
厨房　　打扫

bēizi　xǐ
杯子　洗

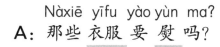

Nàxiē yīfu yào yùn ma?
A：那些 衣服 要 熨 吗?

Yào.
B：要。

cǎoméi　xǐ
草莓　洗

pánzi　cā
盘子　擦

kùzi　yùn
裤子　熨

wèishēngjiān　dǎsǎo
卫生间　打扫

2 连词成句。Put the words in the right order to make sentences.

dǎsǎo　kètīng　yíxiàr　qǐng　bǎ
① 打扫　客厅　一下儿　请　把

āyí　bǎ　qǐng　yīfu　yíxiàr　xǐ
② 阿姨　把　请　衣服　一下儿　洗

bǎ　chènshān　zhèxiē　yíxiàr　yùn
③ 把　衬衫　这些　一下儿　熨

	zhuōzi	qǐng	cā	bǎ	yíxiàr
4	桌子	请	擦	把	一下儿

	qǐng	dāo hé chāzi	nàxiē	xǐ	bǎ	yíxiàr
5	请	刀和叉子	那些	洗	把	一下儿

第二部分 Part II

词语 Words and Phrases 🎧 12-05

1	饭	fàn	meal
2	晚	wǎn	late
3	一些	yìxiē	some
4	蔬菜	shūcài	vegetable
5	水果	shuǐguǒ	fruit
6	花	huā	flower
7	插	chā	insert, stick in
8	花瓶	huāpíng	vase
9	筷子	kuàizi	chopsticks
10	勺子	sháozi	spoon

关键句 Key Sentences 🎧 12-06

Jīntiān wǎnshang wǒ de péngyou lái jiā li chī fàn.

1 今天 晚上 我的 朋友 来家里吃饭。

A friend of mine will come to have dinner at home this evening.

Bǎ huā chā dào huāpíng li ma?

2 把花 插到 花瓶 里吗? Shall I put the flowers in the vase?

Zhēnnī: Jīntiān wǎnshang wǒ de péngyou lái jiā li chī fàn, nǐ
珍妮： 今天　晚上　我的　朋友　来家里吃饭，你

wǎn diǎnr zǒu, xíng ma?
晚 点儿走， 行 吗？

Āyí : Xíng.
阿姨： 行。

Zhēnnī: Wǒ qù chāoshì mǎile yìxiē shūcài hé shuǐguǒ, hái yǒu
珍妮： 我去 超市 买了一些 蔬菜 和水果， 还有

huā. Nǐ bǎ shuǐguǒ hé shūcài xǐ yíxiàr.
花。你把 水果 和蔬菜 洗一下儿。

Āyí : Hǎo. Bǎ huā chā dào huāpíng li ma?
阿姨： 好。 把花 插到 花瓶 里吗？

Zhēnnī: Duì. Lìngwài, bǎ zhèxiē kuàizi, sháozi, wǎn fàng dào
珍妮： 对。 另外， 把这些 筷子、勺子、 碗 放 到

zhuōzi shang.
桌子 上。

Jenny: A friend of mine will come to have dinner at home this evening. Could you please stay a little later?

Maid: Sure.

Jenny: I went to the supermarket and bought some vegetables and fruits, and also some flowers. Please wash these vegetables and fruits.

Maid: OK. Shall I put the flowers in the vase?

Jenny: Yes, and besides that, please put these chopsticks, spoons and bowls on the table.

1 替换练习。Substitution.

Jīntiān wǎnshang wǒ de péngyou lái jiā li chīfàn.
今天　　晚上　我 的　朋友　来家 里 吃饭。

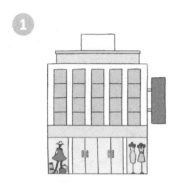

qù shāngdiàn ｜ mǎi dōngxi
去　 商店　　　买 东西

qù jīchǎng ｜ jiē tā māma
去 机场　　接 她 妈妈

qù fànguǎn ｜ chīfàn
去 饭馆　　吃饭

> **小词库 Word box**
>
> jiē
> 接
> pick up

2 看图完成对话。**Complete the dialogues according to the pictures.**

Bǎ huā chā dào huāpíng li ma?
A：把 花 插 到　花瓶　里 吗?

Duì. Lìngwài, bǎ zhèxiē kuàizi hé sháozi fàng dào zhuōzi shang.
B：对。 另外， 把 这些 筷子 和 勺子 放 到 桌子 上。

144

pánzi	bēizi
盘子	杯子 cup

chúfáng
厨房

píjiǔ
啤酒

bīngxiāng
冰箱

yīfu
衣服

yīguì
衣柜

shū
书

shūguì
书柜

cǎoméi
草莓

pánzi
盘子

huā
花

zhuōzi
桌子

综合练习 Comprehensive Exercises

1 听录音跟读。Listen and read. 🎧 12-08

fángjiān
房间

fàndiàn
饭店

zhuōzi
桌子

zhuózi
镯子

yīfu
衣服

xīfú
西服

zuòfàn
做饭

zūfáng
租房

2 听录音，选择正确答案。Listen and choose the correct answer. 🎧 12-09

Āyí yào zuò shénme?
阿姨 要 做 什么？

a. dǎsǎo fángjiān
打扫 房间

b. xǐ yīfu
洗 衣服

c. yùn yīfu
熨 衣服

d. bǎ yīfu fàng dào yīguì li
把 衣服 放 到 衣柜 里

3 角色扮演：你和你的家人正在准备一个生日聚会。想想你们需要一起准备的事情，用对话的形式说一说。Role-play: You and your family are preparing for a birthday party. You need to do the preparation together. Please make a dialogue to describe the things you need to do.

拓展 Extension

1 汉字。Characters.

gōng gòng wèi shēng jiān

public toilet

nán

男

man, male

nǚ

女

woman, female

2 你知道吗？ Do you know?

中国的亲属称谓比较复杂，按照年龄、性别、父系、母系来区分，比如，英文中没有区别的"grandparents"，中文中要区别称呼，称爸爸的父母为"爷爷、奶奶"，称妈妈的父母为"姥爷、姥姥"或"外公、外婆"。

中国的亲属称谓也广泛用于社会上非亲属关系的朋友、同事之间或邻里之间，以表示亲切和尊敬。例如：年轻人称与父母相近年龄的人为"叔叔、阿姨"等，称与祖父辈差不多年纪的人为"爷爷、奶奶"等。本课中"阿姨"是对"保姆"的习惯称法。

The way to address relatives in China is quite complicated. It varies according to one's age, gender, and whether the person is on the father's or mother's side of the family, etc. For example, one's paternal grandfather and grandmother should be called "yéye" and "nǎinai," and one's maternal grandfather and grandmother should be called "lǎoye ╱ wàigōng" and "lǎolao ╱ wàipó."

Chinese people also address friends, colleagues, and neighbors in this way in order to show close relationship and respect. For example, When referring to someone who is similar in age to their parents, people will often say "shūshu" or "āyí". They would call someone who is similar in age to their grandparents "yéye" or "nǎinai". "Āyí" in this lesson is the normal way to address a babysitter or housekeeper.

3 补充词语。Supplementary words.

厨房	chúfáng	kitchen
卧室	wòshì	bedroom
客厅	kètīng	living room
书房	shūfáng	study room

门	mén	door
窗户	chuānghu	window
窗帘	chuānglián	curtain
沙发	shāfā	sofa
茶几	chájī	tea table
杯子	bēizi	cup

| 接 | jiē | pick up |

注释 Notes

第1课

① 您："你"的尊称，一般用于正式场合或称呼长者。
② 贵姓：询问他人姓氏的敬语。
③ 吗：最常用的疑问词，常用在句子的结尾，表示一种简单的疑问。
④ 呢：可表示一种疑问。在有上文的情况下，常就上文谈到的情况进行提问。
⑤ 不：表示否定，用在它所否定的词的前面。

第2课

① 八月：在中国历法中，用"1—12"12个数字与"月"连用，对应表示一年中的12个月份。
② 星期二：在中国历法中，用"星期"与"日（天）、一、二、三、四、五、六"连用，表示一个星期中的某一天。

第3课

① 个：在这里是苹果的量词。在现代汉语中，数词不能直接用在名词前，数词和名词中间通常需要放一个量词。每个名词都有自己特定的量词，不能随意混用。"个"是最常用的量词之一，一般读作轻声。
② 两："二"和"两"都表示"2"这个数目。当"2"用于普通量词前，表示某一事物的数量时，一般用"两"，不用"二"，如："两个苹果"。但在含"2"的位数词中都用"二"，不用"两"。
③ 的：在汉语里名词、动词、形容词、代词及某些短语后加"的"，构成"的"字结构，这个结构在句中的语法功能相当于一个名词的语法功能。"的"字结构一定要在语义清楚的情况下使用。
④ 试试：汉语中有些动词可以重叠使用，表示轻松、随便的语气，或动作时间短、幅度小，也可表示尝试的意思。

第4课

① 没："没"是"有"的否定形式，意思是"没有（东西）"。"没"也用在谓语前否定某种行为或情况的发生。在这里"没"的用法是后一种。
② 能……吗：用来表达某种请求。

第5课

① 多大：用来询问（同龄人或比我们年轻的人）的年龄。"多大年纪？"常用来询问老人的年龄。"几岁？"常用来询问孩子的年龄。

第6课

① 在不在：汉语中，把动词或形容词的肯定形式和否定形式并列起来，可以构成正反疑问句，这种疑问句的作用和用"吗"的一般疑问句类似，但句尾不能再用"吗"。
② 就：这里表示强调，意思是接电话的不是别人，正好是对方要找的人。
③ 了：这里"了"主要表示动作的状态变化，肯定某件事或某个情况已经发生。这类句子的否定形式是在动词前加副词"没"或"没有"，去掉句尾"了"。
④ 1：在电话号、房间号、车牌号等号码中，数字"1"一般读作"yāo"，而不是"yī"。

第7课

① 吧：用在陈述句尾，表示建议的口气。这类语气词也可以软化语气。

第8课

① 呢：这里"呢"的意思是"在哪儿"。
② 家：用作量词来描述公司或机构，如商店、饭馆、学校、医院等。

第 9 课

① 怎么了：用于询问出了什么问题，有什么麻烦。
② 有点儿："有一点儿"的简化形式，表示少量，通常放在形容词或一些动词前面。
③ 能：助动词"能"在此表示环境或情理上许可。
④ 了：助词"了"表示以前的情况发生了变化或者新的情况出现了。

第 10 课

① 会：助动词"会"表示经过学习掌握了某种技能，有时也表示有可能（见第11课）。
② 得：这里"得"是程度补语的表达方式，助词"得"出现在动词和补充说明动作进行程度的词之间。疑问句形式为"动词＋得＋形容词＋吗？"或"动词＋得＋怎么样？"。

第 11 课

① 比北京冷多了：这是一个"比"字句，用来表达比较意义。其基本格式为：A＋比＋B＋形容词。在本课文中"多了"表程度深，这类"比"字句的形式为：A＋比＋B＋形容词＋多了。

第 12 课

① 把桌子擦一下儿：这是一个"把"字句。汉语里有时要强调施事主语对受事宾语加以处置，并产生一定的影响、结果时，就用介词"把"将受事宾语提前到谓语动词前，谓语后是对受事宾语处置后的影响与结果，这样的句子叫"把"字句。其基本格式为：主语（施事）＋把＋宾语（受事）＋动词＋其他成分（表示动作的影响或结果等）。

150

第 1 课

综合练习

3. 听录音，选择正确答案。🎧 01-11

1 你好吗？

b

2 您贵姓？

b

第 2 课

综合练习

2. 听录音，选择正确答案。🎧 02-09

1 A：珍妮，你今天去宋丽丽家吗？

B：不去，我明天下午去。

A：你几点去？

B：我三点半去。

b

2 A：马丁，你几点吃晚饭？

B：现在几点？

A：现在六点一刻。

B：我七点吃晚饭。

c

3 A：张华，你几号回北京？

B：我六号回北京。

A：六号是星期几？

B：六号是星期二。

c

第 4 课

综合练习

2. 听录音，判断对错。🎧 04-09

1 女：我不要面条，我要一碗米饭。

×

2 女：服务员，请给我一张餐巾纸。

✔

3 男：我要一个宫保鸡丁，再要一碗米饭。

×

4 女：您喝什么？

男：请给我一壶花茶。

×

5 女：这是菜单，请点菜。

男：我要一碗米饭，再要一个酸辣汤，请别放味精。

✔

第 5 课

综合练习

2. 听录音，选择正确答案。🎧 05-09

1 A：马丁，你有哥哥吗？

B：没有，我有一个姐姐和一个弟弟。

b

2 A：小明，你今年多大？

B：我今年六岁。

A：你妹妹今年多大？

B：她三岁。

b

第 6 课

综合练习

2. 听录音，判断对错。🎧 06-09

1 A：喂，您好！

B：您好！您哪位？

A：我是马丁。珍妮在吗？

B：在，请稍等。

a

2 A：喂？你找谁？

B：珍妮在吗？

A：不在，她去机场了。

B：我是宋丽丽。请让她给我回电话，行吗？

A：你的电话是多少？

B：65323005。

a

第 7 课

综合练习

3. 听录音，选择正确答案。🎧 07-09

1 A：请问去王府井怎么走？

B：一直走，然后往右拐。

A：到红绿灯往右拐吗？

B：对。

A：谢谢！

B：不客气。

b

2 A：你怎么回家？

B：坐出租车。

A：要多长时间？

B：20分钟。

c

第 8 课

综合练习

2. 听录音，判断对错。🎧 08-09

1 我有两本汉语书，一本是蓝色的，一本是绿色的。蓝色的书在桌子上边，绿色的书在书柜里边。

a. ✕；b. ✓

2 朝阳公园离我家不远，就在我家的西边。公园西边有一个大超市，那里的东西又多又便宜。公园南边还有一个饭馆，我常去那儿吃饭。

a. ✕；b. ✕；c. ✓

第 9 课

综合练习

2. 听录音，选择正确答案。🎧 09-09

1 A：张华，你怎么了？

B：我不舒服。

A：你感冒了？

B：不，我累了。

b

2 A：马丁怎么了？

B：他感冒了。

A：他去医院了吗？

B：去了，医生说他休息两天就好了。

a

第 10 课

综合练习

2. 听录音，选择正确答案。🎧 10-09

1 张华：宋丽丽，你怎么去上班？

宋丽丽：我骑车去。

张华：你会开车吗？

宋丽丽：会。

a

2 张华：宋丽丽，下班以后你常常打网球吗？

宋丽丽：有时候打。

张华：今天打吗？

宋丽丽：今天我去游泳。

b

第 11 课

综合练习

2. 听录音，判断对错。🎧 11-09

1 北京一年有四个季节：春天、夏天、秋天和冬天。

✕

2 北京的春天很暖和，夏天很热。

✓

3 北京秋天的天气好极了，不冷也不热。

✕

4 北京的冬天很长，又冷又干燥。

✓

第 12 课

综合练习

2. 听录音，选择正确答案。🎧 12-09

A：阿姨，请把房间打扫一下儿。

B：好，这些衣服要洗吗？

A：要，另外，把那些熨好的衣服放到衣柜里。

B：行。

a，b，d

词语表 Index of Vocabulary

		(used to represent an object)
没有	méiyǒu	have not
黑（色）	hēi (sè)	black (colour)
试	shì	try
这	zhè	this
太	tài	too
小	xiǎo	small
了	le	*a modal particle*
大	dà	big
（一）点儿	(yì) diǎnr	a little, a bit
合适	héshì	fit, suitable
怎么	zěnme	how
卖	mài	sell
贵	guì	expensive
便宜	piányi	cheap, inexpensive
行	xíng	okay

第 4 课

服务员	fúwùyuán	waiter, waitress
菜单	càidān	menu
请	qǐng	please
点	diǎn	order
菜	cài	dish
宫保鸡丁	gōngbǎojīdīng	kung pao chicken (stir-fried diced chicken with peanut kernels)
酸辣汤	suānlàtāng	hot and sour soup
还	hái	still, also
别的	biéde	other
再	zài	more, again
碗	wǎn	a bowl of (*a measure word*)
米饭	mǐfàn	(cooked) rice
喝	hē	drink
壶	hú	a pot of (*a measure word*)
花茶	huāchá	scented tea
忌口	jìkǒu	avoid certain food
别	bié	don't (used in imperative sentences)

放	fàng	put
味精	wèijīng	monosodium glutamate (MSG)
张	zhāng	*a measure word* (used for sheets of paper, tables, beds, etc.)
餐巾纸	cānjīnzhǐ	napkin
没	méi	didn't, haven't
上（菜）	shàng (cài)	serve (dishes)
能	néng	can
快	kuài	fast
看	kàn	have a look
买单	mǎidān	pay the bill
打包	dǎbāo	take leftovers away

第 5 课

口	kǒu	*a measure word* (used for family members)
爸爸	bàba	father
妈妈	māma	mother
哥哥	gēge	elder brother
和	hé	and, with
在	zài	exist; be, at, in or on a place
哪儿	nǎr	where
工作	gōngzuò	work, job
他	tā	he, him
学校	xuéxiào	school
做	zuò	to do
老师	lǎoshī	teacher
他们	tāmen	they
谁	shéi	who, whom
姐姐	jiějie	elder sister
今年	jīnnián	this year
多大	duō dà	how old
岁	suì	year of age
漂亮	piàoliang	beautiful
帅	shuài	handsome

第 6 课

喂	wèi	hello (typically used for answering a phone call)

找	zhǎo	look for
稍等	shāo děng	wait a moment
就	jiù	just, exactly
打	dǎ	make (a phone call); play
错	cuò	wrong
请问	qǐngwèn	excuse me, may I ask...
阿姨	āyí	maid, aunt
她	tā	she, her
商店	shāngdiàn	shop, store
位	wèi	*a measure word* (used for people)
朋友	péngyou	friend
让	ràng	let, ask ... to ...
给	gěi	to, for
电话	diànhuà	telephone, call
手机	shǒujī	mobile phone

第 7 课

司机	sījī	driver
知道	zhīdào	know, understand
那儿	nàr	there
走	zǒu	walk, go, leave
一直	yìzhí	straight (ahead)
到	dào	arrive
红绿灯	hónglǜdēng	traffic light
往	wǎng	towards
右	yòu	right
拐	guǎi	turn, change direction
停	tíng	stop
这儿	zhèr	here
吧	ba	*a modal particle* (expressing a suggestion)
发票	fāpiào	invoice, receipt
每	měi	every
天	tiān	day
上班	shàngbān	go to work
着	zhe	*a particle*
离	lí	away from
公司	gōngsī	company

近	jìn	close, near
要	yào	need
分钟	fēnzhōng	minute
为什么	wèi shénme	why
开车	kāichē	drive (a car)
怕	pà	be afraid of, fear
堵车	dǔchē	traffic jam

专有名词

| 大众公司 | Dàzhòng Gōngsī | Dazhong Company |

第 8 课

书	shū	book
妻子	qīzi	wife
本	běn	*a measure word* (used for books)
绿（色）	lǜ (sè)	green
桌子	zhuōzi	table, desk
上（边）	shàng (bian)	on, above
书柜	shūguì	bookcase
里（边）	lǐ (bian)	inside
找	zhǎo	find
这儿	zhèr	here
杂志	zázhì	magazine
下边	xiàbian	below
听说	tīngshuō	it is said
搬家	bānjiā	move
对	duì	yes, right
原来	yuánlái	former
房子	fángzi	house, apartment
新	xīn	new
附近	fùjìn	nearby, neighboring
怎么样	zěnmeyàng	how about
公园	gōngyuán	park
马路	mǎlù	road
对面	duìmiàn	opposite
旁边	pángbiān	beside
超市	chāoshì	supermarket

专有名词

| 汉语 | Hànyǔ | Chinese |
| 朝阳公园 | Cháoyáng Gōngyuán | Chaoyang Park |

第 9 课

医生	yīshēng	doctor
病人	bìngrén	patient
咳嗽	késou	cough
头疼	tóu téng	headache
发烧	fāshāo	have a fever
感冒	gǎnmào	have a cold
药	yào	medicine
喜欢	xǐhuan	like
得	děi	must, have to
医院	yīyuàn	hospital
说	shuō	speak, say, talk
多	duō	many, much
水	shuǐ	water
休息	xiūxi	rest
会	huì	will, can, be able to, likely to
告诉	gàosu	tell
老板	lǎobǎn	boss
病	bìng	ill

第 10 课

修	xiū	repair, fix
电脑	diànnǎo	computer
得	de	*a structural particle*
坏	huài	broken, bad
上网	shàngwǎng	surf the Internet
可能	kěnéng	maybe, possible
病毒	bìngdú	virus
下班	xiàbān	get off work
以后	yǐhòu	after
常常	chángcháng	frequently, often
健身房	jiànshēnfáng	gymnasium
有时候	yǒushíhou	sometimes
网球	wǎngqiú	tennis
次	cì	*a measure word* (used for events or actions)
周末	zhōumò	weekend
空	kòng	free time
一起	yìqǐ	together

第 11 课

上	shàng	last
旅行	lǚxíng	travel
冰灯	bīngdēng	ice lantern
好看	hǎokàn	nice, pretty, attractive
……极了	... jí le	extremely
可是	kěshì	but
天气	tiānqì	weather
冷	lěng	cold
气温	qìwēn	temperature
度	dù	degree
零下	líng xià	under zero degree, below zero
比	bǐ	than
下雨	xiàyǔ	rain
天气预报	tiānqì yùbào	weather forecast
大雨	dàyǔ	heavy rain
带	dài	bring, take
雨伞	yǔsǎn	umbrella
把	bǎ	*a measure word* (used for objects with handles)

第 12 课

把	bǎ	*a preposition* (used in the "把（bǎ）" sentence)
擦	cā	wipe
一下儿	yíxiàr	*indicates that an action is brief, slight with a soft and polite mood*
这些	zhèxiē	these
衣服	yīfu	clothes
洗	xǐ	wash
深	shēn	dark
浅	qiǎn	light
分开	fēnkāi	separate
那些	nàxiē	those
熨	yùn	iron
另外	lìngwài	besides
卫生间	wèishēngjiān	toilet, bathroom

打扫	dǎsǎo	clean	水果	shuǐguǒ	fruit
问题	wèntí	problem	花	huā	flower
饭	fàn	meal	插	chā	insert, stick in
晚	wǎn	late	花瓶	huāpíng	vase
一些	yìxiē	some	筷子	kuàizi	chopsticks
蔬菜	shūcài	vegetable	勺子	sháozi	spoon